« Vous me coucherez nu
sur la terre nue »

Gabriel Ringlet

« Vous me coucherez nu sur la terre nue »

L'accompagnement spirituel jusqu'à l'euthanasie

Albin Michel

À celles et ceux dont la chair palpite
à travers ces pages.

« Lorsque vous me verrez à toute extrémité, vous me coucherez nu sur la terre nue, et vous m'y laisserez encore à mon dernier soupir, le temps nécessaire pour parcourir un mille à pas lents. »

François d'Assise

INVITATION

Les lettres de ma poupée

« Petite fille aux yeux de menthe
Je te confie ce monde encore si beau. »

Anne Perrier

À la fin de sa vie, Kafka tombe amoureux de Dora Diamant, une jeune femme de vingt ans installée à Berlin. Elle insiste pour qu'il s'éloigne de Prague, ce qu'il souhaitait depuis longtemps, et vienne la rejoindre. Il a presque quarante et un ans. Et alors ? Qu'importe la différence d'âge. Il arrive en Allemagne à l'automne 1923 et va mourir au printemps 1924 après avoir vécu avec Dora « les mois les plus heureux de sa vie[1] ».

Il voit bien que sa santé se dégrade et que ses jours sont comptés. Il n'a plus alors qu'une idée en tête : travailler jusqu'à l'épuisement afin de mettre la dernière main à une œuvre dont on mesurera plus tard toute l'ampleur. Pour soutenir et encourager ses pas devenus fragiles, Dora l'accompagne dans la délicatesse et l'attention, tenant à se promener avec lui chaque après-midi dans un parc de la ville.

Un jour, lors de leur tendre escapade quotidienne, ils rencontrent une petite fille qui pleure à chaudes larmes : sa poupée a disparu ! Le chagrin de l'enfant est si grand qu'à un moment l'écrivain se penche vers elle et lui dit qu'il connaît bien sa poupée mais qu'elle est partie en voyage. « Comment le savez-vous ? demande l'enfant.

– Parce qu'elle m'a écrit une lettre, répond Kafka.

– Alors, montrez-moi la lettre, réplique la petite.

– Écoute, je l'ai laissée chez moi, mais demain, c'est promis, je te l'apporterai. »

De retour à la maison, à la grande surprise de sa compagne, Kafka se met à imaginer la lettre que la poupée destinait à la petite ; il s'attelle à l'écriture avec le souci de peser chaque mot de cet authentique travail littéraire. Dora n'en revient pas. Il écrit, confie-t-elle, « avec le même sérieux, la même tension que lorsqu'il compose ses propres œuvres ».

Le lendemain, le couple retrouve la petite fille à l'endroit convenu, et Kafka, lentement, lui lit la lettre dans laquelle la poupée s'excuse d'être partie précipitamment. Elle avait besoin de voir le monde et de se faire de nouveaux amis mais elle aime beaucoup sa petite compagne, qu'elle n'oublie pas et, d'ailleurs, elle s'engage à lui donner des nouvelles de son voyage.

Ainsi, durant trois semaines, Kafka écrira chaque jour une nouvelle lettre à l'enfant. Dora témoigne que sa prose est « précise, drôle, absorbante » et qu'il rédige chaque phrase « avec une extrême attention au détail ». La poupée explique qu'elle grandit mais que sa vie est un peu compliquée, ce qui rend difficile son retour à la maison. En fait, petit à petit, Kafka s'efforce d'arriver à un dénouement satisfaisant pour la fillette, en la préparant au grand adieu. Et, après avoir hésité, il se décide à marier la poupée. Celle-ci raconte à l'enfant qu'elle a rencontré un charmant garçon, qu'elle en est tombée amoureuse, qu'ils se sont fiancés, que le mariage s'est passé à la campagne et qu'elle va vivre désormais avec son mari, mais que jamais, jamais elle n'oubliera sa si chère amie.

Rapportant cette histoire dans *Brooklyn Follies*, Paul Auster se dit bouleversé par l'attitude de Kafka. « Quel genre d'homme ferait une chose pareille ? » demande-t-il. Voilà qu'un « des plus brillants écrivains qui aient jamais vécu sacrifie son temps si précieux à composer les lettres imaginaires d'une poupée perdue[2] ».

Il avait toutes les raisons de se concentrer sur les textes qu'il voulait compléter avant de disparaître. Mais il a fait passer les larmes d'un enfant avant l'achèvement de son œuvre. Quelle générosité dans ce dévêtement ! Car Kafka n'a pas seulement consolé la petite fille en lui permettant d'entrer dans une si belle histoire, il lui a confié « ce monde encore si beau ».

Je n'ai pas reçu de lettres de ma poupée… Mais après la publication de *Ceci est ton corps*[3], des centaines et des centaines de lecteurs ont pris la plume, un peu à la manière de Kafka. Parfois pour me consoler. Et Dieu sait que ces lettres me faisaient du bien. Certains me confiaient aussi le récit de leur propre voyage au pays de la souffrance et m'interrogeaient sur le sens du dévêtement auquel ils étaient eux-mêmes confrontés. Dans ce livre où je raconte comment j'ai tenté d'accompagner une personne très proche atteinte d'un cancer généralisé, j'ai d'abord voulu rendre hommage à un corps qui reste si grand dans son dénuement. Mais dire aussi mon propre dénuement affectif et spirituel sur ce sentier au bord du précipice, où chacun avance comme il peut.

Même si le temps a passé, après l'immense vague du début, ce courrier n'a jamais cessé de couler. Au fil des jours, j'ai tenté de répondre à chacun, quelques lignes, parfois quelques pages, mais je sentais une responsabilité, comme un devoir de rencontrer ces témoignages sur un plan plus large, sans les isoler. Dans mon prieuré, je suis appelé à accompagner régulièrement des hommes et des femmes que la vie a parfois conduits jusqu'au plus extrême dénuement. Eux aussi m'habitent et m'interrogent. J'ai pensé qu'il serait bien de réunir les deux, et que le vécu épistolaire rejoigne l'expérience du face-à-face, avec le souci d'accueillir les deux sources au cœur du récit.

Ce livre rejoint également une expérience nouvelle pour moi, qui m'interroge et vient labourer mes propres terres intérieures. Depuis quelques années, sur la proposition du médecin en charge de l'unité des soins palliatifs, j'interviens dans une clinique des environs de Louvain-la-Neuve où, en équipe, nous tentons de faire face à des situations éthiques difficiles et parfois inédites. Dans ce contexte, j'ai accepté de rencontrer des personnes en grande interrogation spirituelle, d'écouter leur demande d'euthanasie et de marcher à leurs côtés sur ce chemin si escarpé.

Parmi les témoignages reçus – faut-il parler de surprise, je ne suis pas sûr que le mot convienne –, certains des textes les plus personnels et les plus audacieux provenaient du monde contemplatif, y compris de moines et de moniales très âgés mais si jeunes dans leur questionnement. On ne s'étonnera donc pas que la métaphore monastique vienne rythmer un récit dans lequel j'ai voulu m'engager très personnellement et assumer le « je » du début à la fin. Car si je parle de la chair des autres, la mienne s'y trouve constamment embarquée.

La première partie invite à « Prendre l'habit ». On pourrait y entendre la joie monastique de celle ou celui qui franchit une étape importante sur le chemin de son engagement. Ce n'est pas faux. Mais l'habit de souffrance, peut-on le prendre aussi ? Et comment en prendre soin ? J'ai choisi d'évoquer ici, parmi d'autres, trois soins auxquels je suis particulièrement attentif : le soin poétique, le soin jardinier et le soin eucharistique. Ma manière à moi de parler du soin spirituel.

La robe de la souffrance fait parfois tellement mal que malgré les soins les plus appropriés, je cherche à la déchirer. Cette deuxième partie, délicate, « Déchirer la robe », repose largement sur mon expérience d'accompagnement en soins palliatifs et tente de témoigner d'une chose si simple à formuler, si difficile à vivre en réalité : il existe des situations d'impasse et il faut oser les nommer. Oui, même dans les conditions médicales et affectives optimales, il arrive qu'on soit au pied du mur sans plus savoir à quel ange ou quel démon se vouer. Car la situation peut devenir véritablement infernale. Comment prononcer alors le mot « euthanasie » sans voir certains boucliers se lever ? Je ne demande qu'une chose : l'écoute, le dialogue. Et la volonté de chercher ensemble des réponses à la hauteur de nos impuissances. À cet égard, j'ai beaucoup aimé lire la première ligne du livre de Marion Muller-Colard *L'Autre Dieu*, où la théologienne protestante qui fut aussi aumônière d'hôpital démarre sur les chapeaux de roue en écrivant : « C'est malheureux, mais il n'existe pas de formation universitaire qui prépare à l'impuissance[4]. »

Quand la mort est là, même après une tragique traversée, il reste beaucoup à faire. Et ce beaucoup fera du bien aux survivants. Ils n'échapperont pas au dépouillement, mais celui-ci pourra emprunter des chemins de douceur. À travers cette troisième partie, « Déposer la bure », je souhaite, une fois encore, rester aussi proche que possible de ma propre expérience et raconter un chemin de célébrant qui a toujours beaucoup compté pour moi. L'air de rien, la toilette du corps mort, son exposition, sa portée, son inhumation ou sa crémation et son évocation dans la mémoire vive, au cimetière ou en d'autres lieux, tout cela mérite qu'on s'y arrête, non par habitude ou par fétichisme, mais pour avoir encore le temps de se rencontrer soi-même. Car ceux qui restent sont aussi appelés à se dévêtir.

Tout au long du courrier et à l'occasion de mes accompagnements, de nombreuses questions m'ont été posées sur la vie après la vie : qu'en est-il de l'au-delà ? Quel est le sens de la résurrection ? Peut-on parler avec ses défunts ? Quand il passe du travail ou de l'étude à l'office, le moine revêt un vêtement dans lequel il sera inhumé et qui, symboliquement, exprime la traversée que raconte la quatrième partie, « Revêtir la coule ». Nous ne sommes pas ici sur le seul sol croyant. Ces pages de passage refusent de se laisser enfermer dans les « siècles des siècles » et veulent montrer qu'au contraire la vie éternelle concerne moins l'« au-delà » que l'« ici-bas », et que la résurrection a peut-être plus à dire qu'on ne croit à celui ou celle qui ne fréquente pas l'officine chrétienne.

L'histoire rapportée par Dora Diamant ne dit pas ce qu'est devenue la petite fille à la poupée perdue après la mort de Kafka. A-t-elle conservé précieusement les lettres de sa poupée ? Les a-t-elle relues en grandissant ? Je me dis que la générosité de l'écrivain tchèque a dû ouvrir son imaginaire comme il ouvre encore le mien aujourd'hui. Un dévêtement bouleversant qui me remet en mémoire cette réflexion du poète Philippe Jaccottet :

Le pouvoir d'un peu de bonté n'est pas perdu.
On peut encore à tout moment modifier la vie
Avec beaucoup d'attention et de douceur[5].

Il se pourrait que ce livre raconte simplement la joie d'« un peu de bonté ».

I

Prendre l'habit

L'énigme

« Le verbe souffrir porte en lui l'énigme absolue. »

Pierre-Albert Jourdan

« Dans la matière d'une femme »

Elle est moniale et s'appelle Marie-Raphaël. Et pas question de féminiser le deuxième prénom ! C'est qu'elle y tient, à son archange de la guérison : une plume de douceur entre les pages du livre de Tobit. Il arrive même qu'elle la trempe dans son encre monastique :

Voici que ton baiser
s'enracine en moi
comme un arbre.
Mon Dieu, je n'ose plus bouger
peur d'effaroucher les oiseaux[1].

Que veut dire ce long vêtement noir qui la couvre ? « L'habit est bien plus qu'un habit, me confie-t-elle, un habitat, une habitation. Et tu vas devoir apprendre à habiter l'habit qui t'est donné. Et cela t'étonne. Et cela te surprend de te découvrir ainsi vêtue. Il te faudra tenter de correspondre à cette grâce dépaysante dont la porte d'entrée s'appelle obéissance et dépouillement. » Elle poursuit en me parlant de baptême, de plongée, de recevoir l'habit d'un nouveau nom : « Tu es Simon. Tu t'appelleras Pierre » (Jean 1, 42). Que se passe-t-il, à ce moment-là, à la frontière des identités ? Que reste-t-il de Simon en Pierre ? Et comment se fait le passage ? A-t-elle un nom, la césure entre l'ancien et le nouveau ? « Faut-il traverser le néant, fût-ce le temps d'un éclair ? » s'interroge encore Marie-Raphaël. La mort ? Quelle mort ? « Long vertige d'un instant qui peut durer une éternité. »

On ne choisit pas toujours son habit. Il arrive qu'il vous tombe dessus, à l'improviste. Un froc dont on voudrait tant défroquer. Mais comment jeter la souffrance aux orties ? Étrange communauté qui vous reçoit quand vous n'avez pas postulé et vous dispense parfois du noviciat. Que veut dire prendre un habit qu'on n'a pas voulu ? Un baptême qu'on n'a pas désiré ? De quelle obéissance parle-t-on, et de quel nouveau nom ?

Un poète dont l'œuvre m'accompagne depuis longtemps, si proche dans sa manière attentive de se tenir à l'écart, et dont j'aime tellement la laïcité spirituelle, va provoquer en moi un bouleversement des entrailles en me parlant du vêtement monastique au moment où je m'y attends le moins. André Schmitz vient de lire *Ceci est ton corps* et il m'écrit, à propos de l'amie dont je parle : « Je fais halte. Et je fais entrer (dans ma petite lettre), je laisse entrer quelqu'un que vous connaissez bien, une femme d'un "jardin extraordinaire" que vous avez accompagnée tout au long d'un dénuement et d'une prise d'habit, oserai-je dire (…). Je la "convoque", cette femme. Je convoque une sainteté humaine écrite dans la matière d'une femme à la fois reliée et déliée. Une femme qu'on a parfois envie de prier, ou avec qui on a envie de prier quand l'envie de prier vous prend. »

Cette femme, il la « convoque ». Quelle douceur dans sa convocation. Et il la convoque « dans la matière ». Je l'aime, cette expression-là. Je la sens tellement terre à terre, la sainteté, dessinée sur le sable de l'inquiétude, mais « écrite dans la matière d'une femme »[2].

Une « sainteté humaine » est venue frapper à ma porte pour me confier une histoire de terre et de sang. Je la vois encore s'asseoir devant moi et me parler avec douceur, sobrement. J'entends une détresse dans sa voix, une douleur toute proche qui frappe de si loin. Après un moment – et je sens bien qu'elle ne veut pas écorcher plus encore des mots déjà si difficiles à prononcer –, elle parvient à me dire que toute petite, encore bébé, elle a vécu l'inceste, et que le viol allait se prolonger jusqu'à ses vingt ans. J'apprends qu'elle a grandi en Afrique où son père avait emmené la famille. Sa gorge se noue quand elle me raconte la petite fille de sept ans dont « papa abusait autant qu'il le voulait ». Mais pas tout seul ! Il partageait sa gamine avec ses voisins, un curé, un médecin et son fils mercenaire. Sans compter qu'il l'offrait parfois « en récompense » à ses serviteurs africains, « avec la complicité et la bénédiction de ma mère ».

« Je croyais avoir tout oublié de mon passé, poursuit-elle, ou presque, lorsque Julie et Mélissa se font enlever par Marc Dutroux. Je suis happée par cette disparition, comme s'il s'agissait de mes propres filles. » Et lorsqu'on découvre les corps sans vie des deux petites, elle confie à une amie : « Je suis sûre qu'il m'est arrivé la même chose. » Elle sombre dans l'enfer de l'anorexie, perd vingt kilos en trois semaines et touche le fond du désespoir malgré treize ans de thérapie.

Je tente de reprendre souffle.

Elle, sans transition, continue à mi-voix : « Mon père vit toujours. Il habite Bruxelles et se trouve dans une maison pour personnes âgées. Je suis la seule de la famille à encore lui rendre visite et, parfois, je lui donne le bras et lui fais faire une promenade dans le parc. »

Elle s'arrête un moment. Je n'oublie pas son regard pénétrant, son silence, le mien, et puis, d'un coup, l'avalanche de ses questions : « Dites-moi quel est encore le sens de la famille. Dites-moi ce que Dieu faisait au Congo. Donnez-moi une raison de ne pas désespérer. Y a-t-il, là-haut, malgré tout, quelqu'un qui veille sur moi ? »

« Une sainteté humaine écrite dans la matière d'une femme… »

Se taire, oui. Mais au bout du silence, il y a quand même une question. D'autant plus qu'en sollicitant le rendez-vous, elle m'a écrit cette chose terrible : « J'ai besoin d'une rencontre qui éveillerait en moi une envie de vivre que je n'ai plus. »

J'entends encore mes premiers mots que je voulais naturels, mais dont je sens bien qu'ils tremblent à l'intérieur : « Où avez-vous puisé la force d'encore rendre visite à votre père ? » Avec une simplicité désarmante, elle me répond : « Par humanité. C'est tout. Un simple geste d'humanité. Je ne veux pas qu'il meure comme un chien. » À nouveau, elle me regarde avec insistance. Elle attend. Elle veut savoir si, « là-haut », quelqu'un veille sur elle et même, peut-être, pleure pour elle. Je m'entends balbutier : « Je crois que dans la vie, il existe un lien plus fondamental que le lien du sang. Même quand la famille ne répond plus, la fraternité reste encore possible. »

Elle ne me quitte pas des yeux, mais son regard, modeste, ne pèse pas. Elle est en état de mendicité, hésitant à tendre la main tant elle a peur de déranger. Il n'empêche que son silence insiste : « Mais là-haut ? »

À Montréal, ce soir-là, je donne une conférence où il est question des femmes au tombeau. Lors du débat, une jeune femme, très belle, se lève et s'approche du micro. Calmement, du bout des lèvres, comme si les trois cents personnes qui nous entourent avaient disparu, elle me demande : « Que faire, dites-moi, quand on est soi-même le tombeau vide ?... » Je ne sais plus ce que j'ai répondu. J'ai souvenir qu'elle m'attendait à la sortie, qu'elle m'a demandé rendez-vous et que deux jours plus tard, à peine assise devant moi, sans le moindre préambule, elle me lance, déterminée, mais avec douceur : « Crucifiée, je sais ce que c'est. » Je découvre qu'elle a beaucoup lu, beaucoup exploré, les mystiques, le soufisme, Maurice Bellet... et qu'elle se méfie comme de la peste de la « religion perverse ». « Je suis en psychanalyse, me dit-elle, et c'est très bien, ça donne des instruments pour délier les nœuds. Mais que reste-t-il quand ça se dénoue ? L'interrogation spirituelle surgit, difficile : Et Dieu ? Où est-il, Dieu ? La psychanalyse ouvre la question et vous laisse là. Qui prend alors le relais ? »

Je sens une émotion à bord de précipice. Très délicate, elle ne veut surtout pas abuser. Au moment où l'entretien se termine, elle se lève et me demande, sur le pas de la porte : « Que fait-on quand l'agonie continue et que la mort ne vient pas ? On voudrait tant que la mort vienne. Mais non. Rien que l'agonie... »

« Une sainteté humaine écrite dans la matière d'une femme... »

Mais... là-haut ?

Là-haut, raconte la Bible, devant la misère de son peuple, Dieu s'est mis à pleurer : « Tu leur diras cette parole : Mes yeux fondent en larmes, nuit et jour » (Jérémie 14, 17). C'est la seule fois où Dieu ose dire à son prophète que devant cette terre jonchée de cadavres sans sépulture, il pleure. Des larmes si bouleversantes, commente le pasteur Daniel Bourguet, que les premiers traducteurs grecs en ont été gênés, au point de modifier le texte : « Tu leur diras cette parole : Que vos yeux fondent en larmes, nuit et jour… » Censurer les larmes de Dieu, « quel dommage pour la théologie[3] ! »

Dans un de ses derniers recueils, *Les Parvis*, le poète-exégète Jean Grosjean imagine qu'au fond de son ciel, Dieu va se coucher dans sa cabane de berger, à l'écart de tout, et pleure de désespoir. « C'est sa jeunesse, son élan, son émerveillement qu'on a tués. (…) Tout son travail s'en va en charpie. (…) On s'apitoie sur les orphelins, mais le Père privé de son Fils n'est-il pas en proie au néant ? Le rien part à la chasse, on entend aboyer les chiens. Ce n'était pas la peine d'être Dieu[4]. »

Que faire quand ce n'est pas la peine d'être un homme ? Quand l'agonie continue et que la mort ne vient pas ? Quand on est soi-même le tombeau vide ? Et quand Dieu lui-même ne sait pas ? Toute l'œuvre de Grosjean affronte ces questions à travers le destin d'un Fils attentif à la souffrance d'un Père. Car c'est lui, le Fils, qui sent le mieux la blessure du Père. Tout au long de l'Évangile, mais surtout au moment de l'agonie, Jésus convertit *Abba* en révélant à Dieu le visage humain de Dieu. Admirable Grosjean qui ne va cesser de nous répéter qu'en « nos jours les plus intolérables », ce Dieu désespéré est « notre seul prochain »[5].

Ce n'est pas une réponse, bien sûr. Mais on est vivant de « faire corps avec ce qui n'a pas de réponse », me souffle la théologienne genevoise Francine Carrillo, car c'est la question qui « empêche la vie de s'effondrer sur elle-même »[6]. Et dans une société comme la nôtre, complexe, incertaine, désordonnée, sans réponse… je propose de ne pas sous-estimer la force de l'impuissance divine !

Que quelqu'un veille là-haut, je le crois, parce que je crois que là-haut est en bas.

Là-haut-en bas, quelqu'un s'est fait chair en moi, faiblesse en moi, fatigue en moi, révolte en moi, bonté en moi.

Là-haut-en bas, quelqu'un s'est mêlé au périssable et même au pitoyable.

Là-haut-en bas, quelqu'un a été transpercé pour que ma souffrance passe par les « trous de ses blessures », me dit Sylvie Germain[7].

Là-haut-en bas, quelqu'un a été violé, en même temps que moi, aussi longtemps que moi, peau de ma peau, brisure de ma brisure.

Prendre l'habit

Là-haut-en bas, quelqu'un veille sur moi parce que ce qui s'écrit « dans la matière d'une femme » s'écrit aussi dans la matière de Dieu.

La fée des hôpitaux

> « Ne pas laisser la parole s'empêtrer dans les vêtements trop étriqués des mots. La caresser de poésie, délacer son corsage pour la laisser courir nue, jusqu'à la voir plonger avec bonheur dans un bain fraternel. »
>
> Philippe Mathy[8]

Je mesure comme jamais à quel point il importe de ne pas enserrer la souffrance « dans les vêtements trop étriqués des mots ». « La caresser de poésie », oui, et surtout « délacer son corsage pour la laisser courir nue »... Je tremble et j'en suis ému, si timide au moment de toucher sa peau, si maladroit. Mais je vois bien que même encorseté de paralysie, en revalidation ou tout au bout des soins palliatifs, il est bon d'être nu dans un bain fraternel.

Caresser la souffrance de poésie est une pratique largement éprouvée qu'il ne faut surtout pas séparer du soin médical, psychologique ou spirituel. Éprouvée mais trop peu exercée à cause du regard erroné qui pèse encore sur elle. Comme si la poésie n'était que fantaisie, une manière d'échapper au monde, alors qu'elle en est un socle, un fondement. Permettez-moi de témoigner ici d'une chose toute simple : la poésie c'est ma vie, elle me tient debout et accompagne mes engagements. Je ne parle pas de faire des rimes, je parle du sang qui coule dans mes veines, de mon souffle, de mon haleine, de ma salive… Tous mes sens sont habités. Et du coup, que je visite un malade, que j'écrive un article, que je suive un match de football ou que je célèbre l'eucharistie… le poème est en moi. Mais en vous aussi ! Henri Meschonnic et Jean Sulivan l'ont suffisamment répété : « Nous sommes tous poètes. »

La poésie n'est pas quelque chose en plus dans votre vie, une option, un vernis, une culture, un *au-dessus.* Non ! Elle est un *en dedans.* Et un en dedans qui vient à mon secours, qui me soigne et peut me guérir, même si je vais mourir.

Ce poème que chacun porte en soi, comment vient-il délacer le corsage de la souffrance ? Quelle est sa vertu curative ? Par quels chemins donne-t-il soin ? D'abord en s'efforçant de desserrer le nœud de l'habitude. Que de fois ai-je entendu cette parole fataliste à force de découragement : « Oh, vous savez, c'est inutile, vous n'en tirerez pas un mot ! » La poésie refuse de s'habituer à l'usure. Elle n'est pas prétentieuse. Elle ne vient pas juger quand l'accompagnement s'épuise. Elle ne se substitue pas à la démarche soignante, fût-elle répétitive et sans conviction. Mais elle tente de regarder plus loin. À travers les odeurs de la chambre, les respirations, les râles, les sueurs, mais les objets aussi, un médicament, un verre d'eau, une tartine… elle déchiffre des signes, elle reconnaît des lettres, elle parvient à lire l'alphabet du souffrant. Alors elle décide qu'un regard, qu'une main, que deux ou trois mots tout simples peuvent aller chercher une parole perdue. La poésie sème quelques cailloux dans la forêt d'une mémoire parfois si déboisée, et il arrive qu'un bout d'enfance retrouve son chemin.

En appelant cette fée des hôpitaux qu'on remarque à peine, cachée derrière les rideaux, est-ce que je ne tente pas de jeter un voile miséricordieux là où le linceul restera toujours douloureux ? me demande un ami. Je lui réponds que la poésie ne vient pas d'abord apaiser, mais réveiller, stimuler. Quand je vois, au journal télévisé, des corps en lambeaux parce qu'une bombe a éclaté en plein marché, alors la poésie se soulève et se fait parole urgente pour affronter l'actualité et arracher le monde à son destin.

Une parole urgente que j'entends aussi dans le témoignage inouï de Jacques Lusseyran, résistant aveugle déporté au camp de Buchenwald entre janvier 1944 et mai 1945. Il raconte qu'en plein mois d'août et en plein camp, alors que les Alliés sont en train de libérer la France – mais il n'en sait rien –, assis sur un petit mur de pierre en face des lavabos, il se met à réciter des vers de Baudelaire et de Rimbaud. Peu à peu, il constate qu'une autre voix se mêle à la sienne, que les vers sont répétés dans l'ombre, que des hommes arrivent, puis d'autres encore qui font cercle autour de lui et prononcent les mots en écho, alors que presque aucun ne parle le français, pas même un peu. Ils savent qu'ils vont mourir bientôt et se jettent sur ces vers prononcés en langue étrangère comme sur du pain. Ce qui fait dire à Jacques Lusseyran, devenu après la guerre professeur de littérature aux États-Unis, que la poésie est une médecine.

Oui, une médecine au sens premier du mot, un soin qui modifie l'organisme humain.

Ce grand amoureux de la vie s'empresse d'ajouter que dans ce sinistre lieu, lui et ses codétenus ne récitent pas de la poésie « parce que c'est beau » mais « parce que ça fait du bien ». Alors, pour tenir le coup, celui qui osera parler de la joie jusque dans l'enfer de la violence quotidienne va organiser, en plein Buchenwald, une campagne de poésie. Car il veut élargir le cercle des bouleversés. Du coup, chaque jour, pendant quelques minutes, au milieu du bloc, il monte sur un banc à côté des lits et fait réciter à chacun, dans sa langue, les quelques vers qu'il connaît encore. Et tous, sans rien savoir de la langue de l'autre, se comprennent[9]...

Le poème des enfants

Je n'ai jamais oublié un certain 14 mars 2012 à sept heures du matin. J'allume la radio pour écouter les nouvelles et j'entends que la veille au soir, en Suisse, dans le Valais, un autocar belge transportant des élèves qui rentraient d'une classe de neige a percuté un mur dans le tunnel de Sierre. Un choc tellement effroyable que vingt-quatre heures plus tard, les enquêteurs ne sont toujours pas capables d'identifier toutes les victimes. Car il y a vingt-huit morts, dont vingt-deux enfants, et vingt-quatre blessés. Pendant un long moment, pour tout un pays, le temps s'arrête. En apprenant la nouvelle en pleine nuit, les familles des victimes sont d'abord frappées de stupeur. Prostrées. Sidérées – en latin, le verbe *siderari* désigne l'influence funeste des astres. Et d'autant plus sidérées qu'elles se préparaient à la fête. Le séjour en classe de neige s'était si bien passé, il restait à cueillir et à savourer la joie du retour des enfants…

Le temps de la sidération n'est pas propre à un accident qui marque les esprits. Celles et ceux qui accompagnent la souffrance savent bien que, souvent, on n'échappe pas à cette prostration. Certains rescapés de la Shoah sont restés sidérés pendant des dizaines d'années. Des victimes de la pédophilie aussi. Et il en est qui ne parleront jamais, sidérés jusqu'à la fin de leurs jours. Le poème peut-il, malgré tout, se frayer un chemin dans cette situation-là ? Oui, si on veut bien entendre avec la jeune Etty Hillesum que les mots doivent accentuer le silence.

Mais le silence, comme le jeûne, il faut pouvoir le briser, même si je sais que certains désespoirs poursuivront une grève de la faim jusqu'à la mort. Il arrive pourtant qu'un silence très souffrant accouche d'une parole neuve. Comment appeler ce moment qui ne ferme pas la blessure mais lui permet de se dire dans son échancrure ? Ne serait-ce pas le temps du poème ?

Celui-ci éclate spontanément lors du drame de Sierre. Après la sidération, l'angoisse, le silence, et sans que ces trois-là disparaissent, on voit apparaître le poème des enfants. Un poème parfois saisi en pleine rue, où une fillette de douze ans parvient à dire soudain, avec le plus grand naturel, que la mort n'aura pas le dernier mot.

Quelques jours après l'accident, alors qu'on a ramené en Belgique les dépouilles de tous ces enfants, de leurs maîtres ainsi que des chauffeurs de l'autocar, je dois commenter en direct, pour une émission spéciale du journal télévisé, la cérémonie d'hommage organisée par les familles et les écoles de ces petits. Et je vois. Je vois des enfants blessés, parfois en fauteuil roulant, déposer une bougie devant un cercueil. Je vois des proches rejoindre un immense cœur en roses blanches et y piquer, au centre, une rose rouge. Je vois des soldats, gantés de blanc, porter les petits cercueils du bout des doigts, comme si leurs mains caressantes soulevaient la légèreté.

Le poème du rite est un poème concret. C'est un poème du corps autant que de l'esprit. Il empoigne la réalité. Il parle à tous les sens. Il embarque une lumière, une musique, un parfum, un toucher… Il faut toujours un poème-célébration pour dire le moment d'une histoire dont on accouche dans la douleur.

Une « chapelle de plein vent »

Se sachant atteint d'une maladie incurable, le poète Pierre-Albert Jourdan allait tenir le journal de sa détresse qu'il intitulerait sobrement *L'Approche*[10]. Quelle force dans ce seul mot ! Et comment dire le choc que provoque en moi un journal-poème aussi délicat ? Car cette *Approche* est peut-être ce que j'ai lu de plus pénétrant, de plus simple aussi, de plus léger, sur la maladie, la souffrance, la mort qui arrive… et de plus encourageant quand on parle de soin poétique.

Pour situer en quelques mots un auteur que John Taylor, son traducteur en anglais, présente comme « l'un des secrets les mieux gardés de la littérature française », je dirais que nombre de ses confrères parmi lesquels René Char, l'ami intime, Philippe Jaccottet, Yves Bonnefoy ou encore Anne Perrier ont admiré cette œuvre singulière trop tôt interrompue puisque Pierre-

Albert Jourdan est décédé le 13 septembre 1981 à l'âge de cinquante-sept ans. Il a surtout laissé des aphorismes, des poèmes en prose, des « fragments » (ce sont ses mots), des « notes » qu'il distribuait à ses amis, presque toujours sous des formes littéraires courtes, le tout regroupé pour l'essentiel dans *Les Sandales de paille*[11] et *Le Bonjour et l'Adieu*[12].

Dès la première page de *L'Approche*, une expression retient mon attention : « Essayer de respirer par *le haut* » (c'est lui qui souligne). « Respirer par *le haut* » pour tenter d'échapper à l'étouffement et surtout à l'étouffement « en soi ». Du coup, il importe de « lever les yeux », de « rendre au regard sa fraîcheur, son élévation ». Et c'est bien en quoi on se trouve devant un journal hors du commun, qui ose l'« altitude » sans jamais quitter la terre ferme, tant il sait que « la maladie délace les souliers de plomb ». Encore et toujours délacer la souffrance et lui permettre d'un peu respirer. Si possible.

J'ai pointé quelques expressions où le poète parvient à nous laisser trace de la douleur qui l'envahit de jour en jour. Beaucoup de celles et ceux qui ont été embarqués dans pareille traversée s'y reconnaîtront à travers la litanie de ses « impressions » : « On a l'impression d'être une défroque, empruntée. On flotte dans les vêtements ou la tête », « Ici (à l'hôpital), j'ai l'impression que l'on s'éteint avec le soleil. Il est vrai que nous sommes des fleurs maladives », « Par moment, j'ai vraiment l'impression de me désintégrer », « Tête complètement vide. Immense effort pour réagir. On dirait que la vie (ce qu'elle signifie) se retire lentement en me laissant sur le sable comme un objet abandonné »[13]...

À un moment où Pierre-Albert rentre à la maison « en mille morceaux » après de multiples examens, il tente de confier à son journal les douleurs qui l'assaillent : « Douleurs qui vous lient à la douleur et vous n'êtes plus rien que douleur, vous n'existez plus que comme douleur. Le fracas du monde, sa beauté, les proches – tout cela s'arrête à deux pas. La douleur fait barrage. L'absurdité est reine. L'énigme[14]. »

Qu'est-ce qui aide, malgré tout, lorsque la douleur a été « suffisamment couvée » et que « l'on peut regarder, *avec elle*, à l'extérieur » ? Le choc de certains vers d'un poème, répond l'auteur de *L'Approche*, est « une des plus solides barrières où s'appuyer quand tout paraît sombrer ». Mais cet encouragement ne fait pas de bruit, insiste Pierre-Albert, tout proche de sa fin : « Ne parlez de poésie qu'à voix très basse. Ne la faites pas entrer dans les salons. Éloignez-la[15]. »

Et si le poème se fatigue ? Si l'écriture « en forme de mie de pain » ne parvient plus à « faire passer les arêtes » ? La réponse s'égrène de page en page : dans une fleur de grenadier, une branche de cerisier, une touffe de thym, dans la complicité attentive d'un romarin, « un dieu d'herbe me tend la main ». Voilà le socle : le jardin, le paysage. « Cette paix végétale m'entoure. C'est elle, au fond, qui parle le plus, (...) c'est elle qui grandit[16]. » Et c'est elle aussi qui donne encore un avenir à la bonté. Car si la bonté ne nous précède plus, elle ne s'est pas évanouie pour autant : elle a pris corps dans le végétal. Il est encore possible de dialoguer avec elle, si l'on se laisse glisser hors du rang, « loin des pressés », des « débiles à triple semelle » et des « culbutants »[17].

Pour rendre grâce à cette bonté du végétal, Pierre-Albert Jourdan, comme pour la poésie, prononce un merci « à voix basse », pour « ne rien effaroucher ». Dans sa prière d'action de grâce, il encourage et interpelle : « Laisse gonfler le désir, laisse parler le vivant, l'herbe frémir sous le vent. » Une prière à laquelle il associe aussi sa maladie : « Mon Dieu, accordez-moi de ne rien défaire qu'avec la plus extrême lenteur, le maximum d'attention, de tendresse, de piété. Accordez-moi cette patience amoureuse. Arrêtez l'impétuosité de la vague, laissez cette écume douce s'enrouler autour de mes chevilles. Faites que je tombe, lentement, doucement[18]. » Et quand il va tomber, la force encore de ce désir : « Avec mes propres ruines, j'aimerais bâtir une chapelle de plein vent[19]. »

Le grand secours des arbres

Tout au long de sa maladie, Pierre-Albert Jourdan se sent en étroite communion avec cette terre provençale qui a guidé ses premiers pas. On mesure la déchirure quand il doit rejoindre l'hôpital. « Quitter ces lieux c'est – déjà – comme un premier geste chirurgical, avant "l'autre". Et ici, cela se fait sans anesthésie, dans la dépossession la plus totale[20]. » Comme il voudrait encore marcher dans une vigne ! À défaut, le songe poétique l'aide un peu. Il se met à rêver que la terre bien-aimée l'accueille dans cette colline où il a tant erré. Pour reprendre vie, il en est sûr, il faut reprendre terre. Et puisque cette terre l'a façonné, dit-il, jusque dans son écriture, « à elle seule de me défaire[21] ».

Reprendre ciel aussi. Car depuis son « terrier » de Caromb, du côté de Grignan et des collines du Vaucluse, Pierre-Albert Jourdan s'est toujours senti en si grande connivence avec les arbres de son paysage : les grands pins frileux, les amandiers si lumineux à contre-jour, les grenadiers « entre fête votive et morsures » et les rideaux des cyprès « que l'on dit funèbres alors qu'ils regorgent d'oiseaux dans leur élan céleste »[22]. Mais le plus aimé reste l'olivier, « cet énorme poing fiché en terre. Je suis là, dit-il, c'est comme une mission qui lui a été confiée. Il ne la lâchera pas[23] ». En regardant la lumière si particulière de son feuillage gris argenté, le poète en fait son porte-parole. Confiant dans sa ténacité, il le regarde comme un vieux taoïste faisant alliance entre terre et ciel.

Des arbres qui lui sont si proches quand, dans sa chambre d'hôpital, des coups de froid lui sautent dessus à l'improviste et provoquent d'épuisants tremblements. Dehors, ses compagnons ligneux sont secoués, eux aussi, par un vent violent. Et ça l'aide de se trouver dans cette bataille en leur fraternelle compagnie. Mais quand il compare leurs deux tremblements, son verdict est sans appel : « La noblesse leur appartient. » Évoquant aussi, proche de sa situation, le balancement des grands peupliers qui lui fait terriblement envie, Pierre-Albert Jourdan rend grâce au grand secours des arbres en ajoutant que « toute disparition de l'un d'eux peut être ressentie comme une diminution de l'élan spirituel, comme un enfoncement. Ce qui est typique de notre époque qui s'emploie allègrement à de telles coupes *sombres*[24] ».

Les arbres de mon prieuré sont déjà très âgés. Que de fois je me suis battu pour qu'on leur permette de vieillir en paix ! Je sais bien qu'ils sont fragiles et que le vent, parfois, les fait danser à un rythme tellement endiablé qu'ils risquent de s'écrouler, épuisés. Plus d'une fois, après la tempête, j'ai trouvé un vieux pommier ou un vieux cerisier étendu de tout son long, auquel mes chèvres et mes moutons rendaient hommage en le dépouillant complètement de ses feuilles par souci, je pense, de lui assurer une belle toilette funéraire. Il n'empêche que plusieurs se portent encore bien et qu'après avoir encouragé les escalades de mes chats et de mes filleuls, ils offrent aux visiteurs la saveur d'une bonne ombre et d'un si bon fruit. Comme ce vieux prunier que l'on disait mort. Allons donc ! Chaque année, sur une branche seulement, toute petite, quelques fleurs, une dizaine de prunes. N'est-ce pas magnifique à son âge ? Comme Élisabeth avec Jean ou Isaac dans le ventre de Sara. Et il a ri, mon prunier, de se voir encore si fécond en sa vieillesse.

Anne Perrier, si elle prend plaisir à rejoindre délicatement la vie intime des fleurs, des abeilles, des papillons, crée aussi une relation intense et de grande tendresse avec les arbres, ses frères en humanité, dont elle se sent sensuellement et spirituellement si proche. Son recueil *Les Noms de l'arbre* en propose trente qu'elle nous présente chaque fois en quelques mots. Mais elle se refuse à la description. Ce n'est pas cet arbre-là rencontré dans ce lieu-là mais l'essence même de l'arbre d'aujourd'hui et de toujours qu'elle rend si concrètement présente à travers des raccourcis saisissants. J'en ai retenu quelques-uns, pour le plaisir :

Le peuplier

Au faîte du silence
Avide il boit le ciel
À la source

Le figuier

Ces mains ouvertes
Fraîches comme le cours des rivières
Et qui appellent
Une impossible pluie d'été
Sur nos cœurs secs

Le hêtre

Étendant vers le ciel
Ses longs bras d'hiver
Il mesure l'espace
Infini du désir[25].

Comment dire sobrement que des poèmes comme ceux-là m'aident à tenir dans le creux de la main le cœur palpitant du jardin ou de la forêt ? En les accueillant, je sens qu'ils rejoignent en moi « quelque chose d'*accordé* » selon l'heureuse expression de Pierre-Albert Jourdan. Car il s'agit bien de retrouver un accord là où la souffrance désaccorde. Je crois avec ce poète et avec tant d'autres que les arbres veillent sur nous. Est-ce la « douleur de leur âme d'écorce[26] » qui nous les rend si proches ? Je sais qu'ils nous soignent, qu'ils nous consolent et que « toucher du bois est une opération spirituelle[27] ».

Toucher du bois comme Yolande Moreau dans le film *Séraphine*[28] ou comme Simone dans *L'Arbre* (*The Tree*) de Julie Bertuccelli[29]. Elle a sept ans, Simone (à l'écran, la petite Morgana Davies), et elle vient de perdre son papa. Elle était à l'arrière, dans la benne, quand la camionnette est venue cogner doucement le vieil arbre devant la maison. Juste un petit baiser métallique, mais papa est mort au volant. Non, pas question ! Il n'est pas loin. D'ailleurs son âme a pris possession du figuier. Elle le sait bien, Simone, elle l'entend quand le vent dans les feuilles lui donne la parole. Elle a même réussi à convaincre sa maman (Charlotte Gainsbourg) que papa continue à leur faire des blagues. Il n'empêche qu'elle s'interroge : « C'est grand comment, une âme ? »

L'arbre est le principal acteur du film, et comme il joue bien ! Comme il sait accueillir la petite dans ses bras. Et comme elle parvient à insuffler en lui une foi capable de le déraciner. Magnifique expression poétique autour du travail du deuil, *L'Arbre* permet à l'enfant de s'égarer dans l'imaginaire pour la faire naître à une vie nouvelle. Douloureusement. Car la tempête survient qui va précipiter l'arbre dans la mer… ou presque. C'est qu'il faut pouvoir laisser partir le cher disparu pour le retrouver, mieux. Entre les branches affolées par la violence de l'ouragan, le film laisse aussi entendre (du moins j'y entends !) que la foi est un arrachement. Comment fait-elle, Simone, pour arracher sa maman, sa sœur, son frère à leur désespoir ? Où a-t-elle trouvé cette foi ? En dressant l'oreille, je crois, contre la peau si fine de son figuier bien-aimé. Quelles splendides images, à ce moment-là !

Auprès de son arbre, elle vivait heureuse, malgré le déchirement, et de jour en jour, la sève du figuier la faisait grandir. On comprend qu'elle ne voulait pas le quitter des yeux. Ni des mains. Est-ce papa qui l'a convaincue qu'elle devait continuer la route et que, même dans la mer, l'arbre ne l'abandonnerait pas ?

Des « mains de menthe »

Dit-on assez le pouvoir des mains ? La résonance insoupçonnée d'une caresse ? Des mains jardinières capables de métamorphoses quand elles enlacent un visage en lui offrant la « douceur du plus lointain[30] ».

Cette douceur-là, je l'ai ressentie, il y a longtemps déjà, chez un poète et romancier belge tellement bien caché dans le terroir profond qu'on se trouve emmené avec lui dans une Wallonie sensuelle et ensorcelée, pleine de saveurs, de sornettes, de superstitions et… de guérisons : Jean-Pierre Otte. Après *Le Cœur dans sa gousse* suivi de *Julienne et la rivière*, il raconte dans *Blaise Menil mains de menthe*, l'histoire d'un guérisseur qui tient son pouvoir de l'absence du père. C'est qu'en Ardennes (autrefois ?) l'enfant posthume est réputé avoir les « mains de menthe » qui ont le pouvoir de soulager. Mais « guérir est une ascèse », explique

Blaise à une jeune et belle femme qui voudrait tant l'entraîner dans son jardin, « je dois m'effacer, explique-t-il, pour permettre à la nuit diamantine (...) d'exercer, au travers de mes paumes, ses facultés d'apaiser et de soustraire »[31].

Il ne faut pas nécessairement avoir perdu son père à la naissance pour avoir des mains de menthe ou de romarin. La souffrance a tellement besoin d'être caressée. Par des mains infirmières, certainement. Mais les mains infirmières capables de toucher la peau avec délicatesse ne sont-elles pas, justement, des mains jardinières ? Et pourquoi ce soin si fondamental serait-il réservé ? Oui, bien sûr, un massage aux huiles essentielles demande du métier, un apprentissage, une dextérité, mais chacun ne peut-il pas devenir poète de ses mains ? Quand on sait comme un toucher délicat peut apaiser une tension nerveuse et calmer une anxiété, comment ne pas élargir et cultiver le jardin des caresses ? Je me dis que mes mains qui ont touché un tilleul ou un vieux pommier, qui ont été griffées par un rosier, caressées par un lilas ou une fleur de lin peuvent transmettre au souffrant le parfum de leur expérience jardinière. Travailler la terre d'un visage, la sarcler délicatement, la ratisser, la rafraîchir... n'est-ce pas donner une chance de lumière et de frisson à la végétation de ce corps étendu dans un lit[32] ?

Et lorsque les grilles du jardin restent verrouillées ? Un témoignage reçu dans mon courrier m'invite à la patience et me raconte comment des mains jardinières peuvent réveiller un visage fermé à double tour.

Elle est moniale et vit depuis longtemps dans une solitude assez radicale que la vocation contemplative ne parvient pas à adoucir. Lorsqu'elle apprend, à soixante ans, qu'un cancer vient de la frapper en plein cœur, elle s'emmure aussitôt et s'enserre dans un silence encore plus pesant. Voilà des jours et des jours qu'elle se tait, cachée au fond de sa cellule en refusant toute forme de dialogue. La sœur infirmière ne veut pas renoncer. Un matin, elle regarde longuement ce visage si beau et si fermé. D'instinct, parce qu'elle sait que tous les sens travaillent à contempler, elle risque un doigt sur la joue de sa consœur. À peine un effleurement. Le corps se rétracte, mais pas trop, pas assez pour arrêter la montée de la sève dans un jardin qui ne croyait plus au printemps. Au fil du temps, la malade se défend de moins en moins.

Il lui arrive même de fermer les yeux pour mieux accueillir le chemin des caresses.

Un peu plus tard, « le jour le plus beau de ma vie, j'ai pris son menton, m'écrit la sœur infirmière, j'ai caressé ses lèvres, ses joues, son nez, son front... Ses yeux se sont ouverts, son sourire aussi, son visage m'a offert ce que les mains lui avaient partagé, et j'ai su que les noces étaient consommées ». J'entends la moniale me confier encore que « la caresse ne prend rien » mais qu'elle « permet de franchir un instant la distance de notre solitude absolue ». Et d'ajouter que ce chemin « de peau à peau, de chair à chair nous transfigure », que cette sensualité est si bonne, « décapante et divine à la fois », et qu'il serait heureux de retrouver dans les Églises et les communautés « la force du geste charnel tellement en communion avec le ciel où tout est assumé ».

Je dépose la lettre sur ma table. J'ai besoin de silence. Un ange passe, souriant. Il laisse tomber une plume de joie. Je regarde deux femmes se regarder. Je vois le doigt de l'une sur le corps de l'autre. Un léger toucher de contemplation amoureuse au cœur de la solitude monastique. Un vers de Novalis me revient en mémoire : « Poser le doigt sur un corps humain, c'est toucher le ciel »...

La parabole du « lever-Dieu »

… Et poser le doigt sur le corps du Christ, c'est toucher la terre.

Peu de temps après la publication de *Ceci est ton corps*, un collègue m'adressait un bref message électronique où il me confiait cette chose inouïe que jamais, jusqu'ici, je n'avais entendue ni même imaginée : « Tu m'as fait prêtre ! Oui, en te lisant et en mesurant au fil des pages à quel point tes mots si amoureux s'accordaient au mystère de l'eucharistie, je me suis senti prêtre et j'ai perçu, comme jamais, la relation entre la consécration conjugale et la consécration eucharistique. Avec d'autant plus de force que mon épouse venait de traverser la rude épreuve du cancer et tentait de se remettre debout. Dans mon impuissance face à son état, j'avais besoin d'Élévation, et d'un ordre, d'une ordination, d'un récit que j'ose appeler sacramentel. »

Ce collègue qui allait mourir quelques mois plus tard m'a fait mieux percevoir encore qu'à côté du soin poétique et du soin jardinier, le soin eucharistique peut être d'un grand secours, au sens où Simone Weil écrit que « pour avoir la force de contempler le malheur quand on est malheureux, il faut le pain surnaturel ». Rien de magique dans ce pain-là. Le « pain surnaturel » n'est pas une hostie-idole assignée à résidence contemplative. Juste un pain pauvre et démuni, comme la manne au désert. *Mân-hou ?* disaient les Hébreux. Littéralement : « Qu'est-ce que c'est ? » Un pain d'interrogation… que plusieurs artistes comme Dieric Bouts ou le Tintoret allaient rapprocher de la Cène, si peu, presque rien, une « petite chose sans défense qui ne demande qu'à se laisser manger[33] ».

Cette petite chose qu'une partie de la tradition chrétienne appelle « Présence réelle », Jésus, le soir du Jeudi saint, ose la nommer : « mon corps ». « Ceci est mon corps… Faites ceci en mémoire de moi… » C'est un poème ! nous dit l'écrivain suisse Georges Haldas. Et il ne faut pas lire ce poème comme on lit un journal ou un document historique. « Faites ceci en mémoire de moi », ce n'est pas une information, ce n'est pas un retour au passé, ce n'est pas un souvenir, c'est un poème. Et je ne fais pas un poème, je ne suis que le vase d'argile, témoin et serviteur de cette parole qui m'arrive : « Faites ceci en mémoire de moi. » Parole-respiration. Foi-poème. « Faites ceci en mémoire de moi » n'est pas seulement à dire mais à vivre. Et pour vivre ce qui se dit là, il faut lire les Écritures en état de poésie, par l'intérieur, comme une expérience intime, et plus encore les lire « comme si toute notre vie en dépendait ». Et s'il y a un décalage – inévitable – entre la fulgurance de l'émotion (l'expérience intime) et la limitation de l'écriture (la pauvreté de nos mots, de nos rites...), ce n'est pas grave, poursuit Haldas, c'est un échec... fertile[34].

Pour que le soin eucharistique fasse du lire un vivre, il est important que des mains fraternelles nous accompagnent, comme en témoigne cette lettre assez unique que m'adresse Marie-Thérèse, à laquelle elle a apporté une attention toute particulière.

Trois jours avant sa mort, le vieil abbé qu'elle accompagne veut encore dire la messe depuis sa chambre d'hôpital. La dire tout entière, comme à l'autel, la chasuble déposée sur le lit... Sa dernière « prise d'habit » ! Pour les mots, ça va. Le récit l'habite depuis si longtemps. Mais le bras n'y est plus, la main tremble. Alors, au moment de l'Élévation, il fait signe à Marie-Thérèse : qu'elle prenne le calice et qu'elle le soulève… « Là, m'écrit-elle, j'ai ressenti le lien fort qui nous unissait et la confiance qu'il avait en moi. »

Il a quatre-vingt-huit ans, elle quatre-vingt-deux. Et ils savent qu'ils vont se quitter. C'est très dur. Pour elle surtout. Ce n'est pas qu'elle soit seule, l'arrière-grand-maman. Elle sait bien l'attention de toute sa tribu. Mais à qui confier cette affection qui la fait vivre depuis si longtemps ? Car voilà quarante-cinq ans qu'elle l'accompagne. J'entends la pudeur d'une si grande tendresse quand elle évoque sa présence d'ange-gardienne sur un chemin « parsemé d'embûches ».

Je n'étais pas dans la chambre, mais je la célèbre avec eux, cette messe ultime, et je le vois, le calice porté à quatre mains, même si deux seulement le soulèvent. Quatre mains qui, pour la première fois, parce que c'est la dernière, vont jouer ensemble le concerto de l'Élévation. À ce moment-là, ce moment rare, peut-être inédit, où une femme porte le calice d'un homme, n'est-ce pas aussi leur histoire qu'elle soulève, pour elle, pour lui, et pour la multitude ?

Il me semble que Bernanos n'était pas loin d'eux et que leur dialogue si secret avait peut-être quelque chose à voir avec ses *Dialogues des carmélites*, lorsque la jeune sœur Constance, évoquant devant sœur Blanche la mort de leur vieille prieure, parle d'une mort « trop petite pour elle ». La dernière messe du vieux curé n'était certainement pas trop petite pour lui. Une messe est-elle jamais trop petite ? Mais Constance, juste après le silence qui suit le « trop petite pour elle », ajoute cette réflexion qui ne cesse de chanter en moi comme un joyeux encouragement : « On ne meurt pas chacun pour soi, mais les uns pour les autres, ou même les uns à la place des autres, qui sait ? » Et qui sait si on ne soulève pas le calice, les uns à la place des autres ?

Je n'ai pas oublié le temps où l'Élévation mélangeait encore la ferveur et le tremblement. Le célébrant se tenait dos au peuple. Au moment du soulèvement, l'acolyte agitait la sonnette. En une seconde, comme à la mosquée quand la vague des dos s'incline vers le sol, les fronts se baissaient et les mains cachaient les yeux pour que le buisson ardent aperçu le temps d'un éclair au-dessus de la tonsure ne se voie plus qu'à l'intérieur de soi. Seul le prêtre pouvait regarder sans se brûler.

Un ami engagé sur le terrain de la laïcité philosophique m'a confié que sa rupture d'avec le catholicisme remontait à l'Élévation. Lui aussi voulait voir alors que ce n'était pas permis ! Aussi, pendant les jours qui précédaient la messe, il marchandait avec Dieu en lui achetant d'avance, à force de prières et autres petits sacrifices, le droit de transgresser. Petit garçon pourtant obéissant aux consignes de sa mère, il a osé, un matin, écarter les doigts plus longuement. Et rien ne brûlait dans les mains du prêtre… Luther, déjà, craignait ici le retour du faux sacré, le danger d'adorer un Dieu trop exposé, et pourtant, après avoir envisagé de la supprimer, il maintint quand même l'Élévation, en mémoire, peut-être, de la Parole qu'on soulevait déjà dans la synagogue. Et parce que Jean lui-même parle d'élever le Fils de l'Homme (3, 14).

Ce soulèvement millénaire, que la liturgie chrétienne n'introduisit qu'au XIIe siècle, Balzac allait l'appeler « lever-Dieu ». Deux mots au lieu d'un, mais tellement reliés. Du coup le geste, soudain, paraît plus proche et plus familier. Le « lever-Dieu » comme le lever du jour, comme le levain dans la pâte, comme on élève un enfant, comme on relève un paralytique.

En élevant le calice de son vieil ami, Marie-Thérèse a fait ainsi bien plus qu'accompagner fraternellement un dernier geste liturgique. Elle a élevé une tendresse et fait de son élévation un soulèvement. À leur insu, dans le secret d'une chambre, et d'une vie, ces deux-là ont écrit une nouvelle parabole : la parabole du « lever-Dieu ».

Sainte quarantaine

Sans être prêtre, et remplaçant le pain par des fleurs, le romancier belge Jacques Henrard va dire : « Ceci est mon corps » pendant les quarante jours d'un grand Jeudi saint.

Romancier, dramaturge, biographe (on lui doit une approche très personnelle de Picasso et de Simenon), Jacques Henrard a toujours été habité par la question spirituelle qu'il approche avec beaucoup de pudeur et de sobriété. J'ai souvenir qu'un soir, à Bruxelles, où il vient m'encourager, comme souvent, à l'occasion de la sortie d'un nouveau livre, je lui parle de cette relation si essentielle, je crois, entre le lavement des pieds et le partage du pain. Je vois encore la lumière de ses yeux et la formidable émotion qui le traverse quand il me dit dans un souffle que lui aussi se trouve en plein agenouillement. Je ne comprendrai qu'un peu plus tard, le jour où il m'apportera le manuscrit d'un nouveau livre, *Le Marcheur à genoux*[35], en me demandant d'en assurer la préface. Un récit à travers lequel il évoque ce « grand Jeudi » où un homme s'agenouille pour soulager les pieds meurtris de ses amis. « Alors que sa tête n'en peut plus, il se laisse guider par ses mains[36]. »

J'ai presque terminé la préface lorsque Jacques m'appelle au téléphone et, délicat, me laisse entendre qu'il serait heureux de la recevoir « dès que possible ». Il m'apprend que ce sera son dernier livre, que ses jours sont comptés, qu'on vient de lui diagnostiquer un cancer et qu'il ne veut pas être hospitalisé ni subir le moindre traitement. Parce que l'heure est là et qu'il faut l'accueillir. Parce que la lumière est là et qu'il veut la partager. Quelques semaines où l'extrême faiblesse du « marcheur à genoux » sera aussi extrême tendresse.

Et l'ami Jacques se met au lit. Il y restera quarante jours ! Quarante jours sans prendre aucune nourriture. Juste un peu d'eau. Ou alors ce qu'il appelle des « repas respiratoires » : les fleurs qu'on lui offre, il les respire longuement, en prenant soin de bien goûter leur parfum. Quarante jours d'une parole unique offerte à chacun, à voix basse. À son épouse. À ses enfants et petits-enfants. À ses amis. Quarante jours de jeûne « pour ne pas faire obstacle à cette mystérieuse transformation intérieure ». Quarante jours d'humble joie.

Ces quarante jours, sa fille Christine va les raconter dans un journal très personnel où elle évoque les huit moments d'une traversée unique entre le temps de la Stupeur et celui de l'Enfantement[37]. Elle rapporte notamment cet épisode où mère et fille se proposent de relire les épreuves du *Marcheur à genoux*. « Et si on faisait cela ensemble ? » suggère Jacques. La relecture va donc se faire à haute voix. « Les mains de papa ne parviennent plus à tenir les pages du manuscrit et retombent sur le drap. Il ferme les yeux, et de temps à autre, il répond à nos doutes et nos questions. Relire avec lui son parcours spirituel nous bouleverse. C'est le pain de sa vie que nous partageons, et ce moment devient eucharistique[38]. »

Cette bouleversante traversée interroge la frontière parfois si ténue entre vouloir la mort et accueillir la mort. Puisque la mort s'est annoncée et même si la médecine peut encore en retarder l'échéance, Jacques Henrard a choisi de ne pas lui faire obstacle, mais de marcher lentement à sa rencontre, jusqu'à l'accueillir tout entière. Expérience intime, quasi mystique, qui entraîne avec elle tout un entourage au désert.

Poète, Agnès, une autre fille de l'écrivain, saura montrer comment la « mystérieuse transformation intérieure » de son père est une transformation des proches. À travers quarante pensées-poèmes pour « toi qui m'as appris à prendre soin des mots », elle entraîne chacun dans une délicate « mise en quarantaine » :

Tu te délies et nous délivres. Le long du lien, tu nous dénoues. Tu nous éveilles à l'essentiel. Tu nous révèles qui nous sommes.

Ton corps s'allège et se confie. Tes mains ont des robes de soie pour toucher nos cheveux.

Quarante jours de traversée. Désert étreint, apprivoisé. Entre soif et chagrin, apprendre à reconnaître en soi où le soleil se lève, et où trouver sa voix[39].

II

Déchirer la robe

L'impasse

« Rester debout, mais à quel prix ? »

Étienne Daho

Ma petite sœur carmélite

L'Évangile de Jean raconte qu'après avoir crucifié Jésus, les soldats prennent ses vêtements et en font quatre parts, une pour chacun. Reste la tunique. On dit parfois la « robe », car c'est un vêtement de dessous que l'on porte directement sur le corps. Elle est sans couture, tissée d'une seule pièce depuis le haut. Une belle robe de lin clair qui a de la valeur. On comprend que les soldats choisissent de ne pas la déchirer mais préfèrent la tirer au sort (Jean 19, 23-24).

Pour Jean Grosjean, ces quatre légionnaires sont un peu comme nos évangélistes. Eux aussi se sont partagé tout ce que Jésus avait de visible, et en particulier son « manteau », une grande pièce de laine épaisse qui aide à se protéger du froid et dans laquelle on s'enroule pour dormir. Mais sa robe, sa vêture intime, « ce tissu de durée dont avait été revêtue son âme, ne se segmente pas : il échoit indivis au lecteur[1] ». Cette parole en dessous de la parole, qui ne se transmet que dans le secret, d'âme à âme, elle m'arrive d'une pièce, sans couture, pour que moi aussi je me couvre de durée. J'entends bien qu'elle ne se segmente pas. Il est des jours, pourtant, où mon âme souffre tellement que cette robe si délicate, il m'arrive de la déchirer.

Je veux ici témoigner doucement, avec toutes les nuances qu'exige l'interprétation d'une musique aussi difficile, de ces situations d'impasse auxquelles je me suis trouvé confronté. Et dire que malgré les grandes avancées médicales, l'exceptionnelle qualité des soins palliatifs, le courage, l'héroïsme souvent de bien des patients, et même quand la tendresse de l'accompagnement se trouve au rendez-vous jusqu'à l'épuisement, il arrive que la robe sans couture se déchire et que cette déchirure s'appelle « euthanasie ».

Sa vêture intime, en « tissu de durée », d'une seule pièce, sœur Claire a voulu me la partager.

En m'adressant à elle, son médecin traitant me parle d'un « petit bout de femme de quatre-vingt-trois ans », une « bonne vieille carmélite », « anorexique depuis toujours » et atteinte d'une telle ostéoporose que « son menton touchera bientôt son pubis ». Des épisodes d'oppression respiratoire se succèdent, qu'elle gère en silence, mais cela devient de plus en plus dur. À chaque conversation, la même question : « Pourquoi Celui que mon cœur aime tarde-t-il à me rappeler ? » Sa demande d'en finir reste longtemps dans le clair-obscur mais un après-midi, la petite sœur se fait plus pressante et plus explicite quant à son souhait d'une fin de vie volontaire. Le médecin, qui l'entoure d'écoute et de délicatesse, lui propose de me rencontrer pour en parler.

Au début de notre conversation, je la sens un peu crispée, pas fermée, non, mais intimidée et un rien tendue. Pour la mettre à l'aise, je lui parle de ma tante carmélite, décédée depuis longtemps, et dont j'étais si proche. Elle voit que je connais bien le carmel et s'ouvre de plus en plus. À un moment, elle me dit : « Vous savez pourquoi je vous ai appelé ?

– Mais oui, ma sœur, votre médecin m'en a touché un mot.

– Oui, je souhaite l'euthanasie !

– Je devine, sœur Claire, que votre demande a déjà fait tout un chemin. Voulez-vous m'en dire un peu plus ?

– Oh, vous savez… la douleur physique, ce n'est pas tellement ça, mon problème. D'ailleurs, ici, ils ne s'en sortent pas trop mal pour tenter de me soulager. Mais la souffrance morale, Gabriel, c'est une autre affaire. Est-ce que vous comprenez ? Vous comprenez que ça suffit, que j'ai assez donné, que je suis à bout, moralement, spirituellement, et que maintenant c'est trop, que je veux partir ?

– J'entends bien ce que vous me dites là et j'en mesure tout le poids. Ce n'est pas rien, le combat spirituel que vous évoquez et qui nous tient parfois cloués au sol. Avez-vous eu l'occasion d'en parler avec votre mère prieure ?

– Elle est terrorisée !

– Vous avez pu échanger quand même ?

– Échanger ? Elle m'a rappelé la position de l'Église. Comme si je ne la connaissais pas ! Elle m'a surtout redit l'importance de l'obéissance. Et d'offrir ma souffrance comme la petite Thérèse. Qu'est-ce qu'elle en sait ! J'ai bien lu, moi, que Thérèse recevait de la morphine en cachette… Mais ce n'est pas une affaire de morphine. Elle ne veut pas entendre ma question spirituelle pourtant si urgente. »

Je quitte ma chaise, m'assieds au bord du lit, lui prends les mains. Je la regarde et lui dis : « Vous avez de beaux yeux, ma sœur.

– On me l'a déjà dit ! » La réplique a bondi au quart de tour. La voilà vraiment elle-même, directe, spontanée, un peu effrontée, et si douce. Ses yeux profonds ne me quittent pas. Je la trouve très belle. C'est moi qui suis en contemplation… Elle me réveille : « Mais l'euthanasie ?

– Oui, sœur Claire.

– Qu'est-ce que Dieu en pense ? » Comme ça ! En plein cœur ! Et pas question de faux-fuyants quand des yeux aussi lumineux s'emparent de votre regard. « Dieu, ma sœur, lui dis-je, je crois qu'il est dans votre lit pour l'instant. Il est plié en deux, comme vous, il est perdu, il appelle au secours, il s'interroge, il ne sait pas… »

Elle rayonne, ma petite sœur. Elle est lumineuse. Il y a longtemps que je n'avais pas vu un visage aussi habité. La transfiguration dans une chambre de souffrance. « Comme vous me comprenez bien ! Est-ce que vous acceptez quand même de me donner l'absolution ? » Je m'étonne du « quand même ». On en discute et je mesure à quel point, à travers sa grande liberté intérieure, elle est restée culpabilisée par l'idée même d'avoir osé souhaiter l'euthanasie. Elle me parle de ses soixante ans de vie contemplative, me confie qu'ici, dans sa petite chambre, elle prie tout le temps, puis revient avec sa demande d'absolution. « Pas pour ça, me précise-t-elle, futée, mais j'ai quand même besoin d'une absolution de vous. » J'ai peine à retenir mes larmes. Je lui dis : « D'accord, on va prier ensemble et puis je vous absous et, surtout, je vous bénis. » Je l'embrasse. Elle aussi, délicatement, et me voilà sur le seuil, accompagné d'une litanie de mercis, heureux d'avoir touché la voile d'une sainteté de plein vent.

Sœur Claire n'a plus parlé d'euthanasie et s'est endormie paisiblement, quelques semaines plus tard, avec des paroles de douceur et de gratitude.

Ce dénouement peut étonner. Et pourtant, il n'est pas rare qu'une demande d'euthanasie, ferme, répétée avec insistance, s'estompe après une écoute attentive, alors que la souffrance est toujours au rendez-vous. Sœur Claire a su que son médecin généraliste, comme moi-même, nous lui avions donné notre parole, et que nous lui serions fidèles jusqu'au bout. Je sais, pour l'avoir vécu en d'autres circonstances encore, qu'une écoute inconditionnelle qui ose se laisser conduire jusque dans les méandres les plus secrets peut avoir un effet d'apaisement surprenant, jusqu'à provoquer le départ anticipé de la personne dans la sérénité.

Notre-Dame du Bon Secours

C'est l'enveloppe de la lettre, d'abord, qui me frappe : « Notre-Dame du Bon Secours ». Elle habite là, Simone, dans une « résidence » pour personnes âgées. Un mot princier, seigneurial. D'ailleurs, ne parle-t-on pas de plus en plus souvent de « seigneurie », comme si la noblesse du vocabulaire adoucissait la fatigue du lieu ! Une résidence si peu « secondaire ». On dit aussi « maison de repos ». « Quel repos, me demande une autre correspondante, quand les pensionnaires ont dû tout quitter et être déracinés, souvent du jour au lendemain. Dépouillés de leurs biens mais surtout de leur quotidien, de leurs voisins, de leurs animaux et plus encore de leur volonté, car on ne les consulte plus, ni sur leurs désirs ni sur leur avenir… » Un grand âge « assigné à résidence », comme l'illustre encore ce témoignage que me transmet Pascaline, aumônière à Mâcon. Une résidente de l'Hôtel-Dieu l'interpelle et lui dit : « Nous n'intéressons plus personne, nous ne sommes plus qu'une gêne et un poids pour les autres, pour tous nous sommes devenus inutiles et invisibles, nous ne sommes plus attirants. »

Je reviens à Simone qui ne se plaint pas de sa maison d'accueil, au contraire. Car il faut aussi souligner le trésor d'imagination que peuvent déployer certaines équipes pour tenter d'adoucir la si grande fatigue des résidents. Il n'empêche que malgré le « bon secours » du lieu et la chaleur de « présences si amicales », la lassitude de vivre reste un village où elle a mal rêvé. Au long des pages, Simone ne me lâche pas d'une semelle. « Qu'est-ce que vivre ? » me demande-t-elle. Et elle insiste : « Pas survivre, pas végéter, vivre à travers l'immense solitude. (…) A-t-on le droit de lâcher prise ? Et peut-on revendiquer la liberté de mettre fin à ses jours ? Est-ce fol orgueil ou lâcheté devant la lutte épuisante ? J'exprime simplement une détresse qui se creuse dans un environnement pourtant considéré comme privilégié et je dis : "C'est trop long." (…) J'ai conscience que ma lettre est simple folie, ce dont je vous prie de m'excuser. »

Confronté aussi au « trop long » et au « trop insupportable », un monsieur m'appelle au téléphone. Je ne le connais pas. Il souhaiterait que je rende visite à son épouse atteinte d'un cancer au visage et qui se trouve dans une unité palliative. Elle a cinquante ans, comme lui. Ils ont deux enfants et une petite-fille. En arrivant, je découvre la gravité de la situation. La tumeur du visage dépasse les dix centimètres. La personne voit tous ses sens s'éclipser l'un après l'autre. Elle communique encore un peu à l'aide d'un tableau noir mais je mesure, en m'asseyant sur le lit et lui prenant la main, qu'elle reste très sensible au toucher. Son mari me raconte le double drame qu'il traverse : « Non seulement je vais perdre mon épouse, mais je suis aussi en train de perdre mes enfants, car ils ne veulent plus voir leur maman dans cet état. Et ça, je ne peux pas l'accepter. Elle qui adore sa petite-fille, sa consolation, son rayon de soleil, on ne lui permet plus de la voir. » Terrible impasse. Je peux comprendre que les enfants soient paralysés par la situation et qu'ils n'arrivent plus à faire le pas d'entrer dans la chambre. Je peux comprendre aussi le désespoir du papa qui ne parvient pas à rencontrer la peur de ses fils.

Cette question du visage va me poursuivre et me rejoindre peu de temps après au grand séminaire de Liège. Ce jour-là, l'équipe des visiteurs de malades du diocèse me demande de répondre à cette question : « Dieu est-il compatissant ? » J'accepte l'intitulé en suggérant d'y ajouter en sous-titre une expression empruntée à Hélène Grimaud : « Faire de la blessure une grâce ». Il m'arrive souvent d'évoquer cette pianiste si sensible à la souffrance et à la mort, au point, parfois, de glisser mes mots dans les siens. À la fin de la conférence, une dame, médecin généraliste, vient me voir et me dit avec grande délicatesse : « Je crois pouvoir vous entendre, je m'y efforce en tout cas, mais vous savez aussi qu'une fin de vie peut être terriblement dégradante. J'ai dû accompagner une de mes patientes atteinte d'un cancer du visage. De semaine en semaine, elle devenait de plus en plus défigurée. À la fin, le cancer la rongeait tellement qu'elle pourrissait. Pour les infirmières, pour les proches, même les plus aimants, cela devenait insupportable d'entrer dans la chambre, car elle se décomposait. Vous parliez de "sculpter la mort" dans votre exposé. Comment "sculpter" dans ces conditions-là ? Et faire de cette blessure… une grâce ? »

En réponse, je crois avoir évoqué le Dieu défiguré qui nous rejoint jusque dans l'enfer de cette décomposition. Et avoir aussi appelé à la rescousse la petite Etty Hillesum quand elle veut que « quelque chose de divin soit encore là présent ». Il n'empêche que cette femme médecin, toujours attentive, me demandait, doucement : « Ne faut-il pas oser rendre la fin de vie plus humaine ? »

Christian ou la laïcité à l'église

Prix Nobel de médecine, le professeur Christian de Duve n'a laissé personne indifférent... jusque dans sa mort. Il fut pour moi un ami et la cérémonie du dernier adieu a fait date dans mon histoire de célébrant.

Depuis quelques semaines, sa santé se dégradait rapidement. Il m'avait déjà parlé, à plusieurs reprises, de son cancer, autodiagnostiqué sur la base d'une prise de sang. Pas question pour lui de faire des examens complémentaires, de la chimio, ou d'envisager une opération. Et qu'on ne lui parle pas de soins palliatifs !

Une nuit, il chute dans sa chambre et reste de nombreuses heures cloué au sol sans pouvoir atteindre le téléphone, ce qui provoque une détérioration fulgurante de son état physique. Le lendemain, allongé sur son lit, le visage encore tuméfié, il dit à sa fille : « Françoise, cette chute est une sonnette d'alarme. C'est la première mais ce sera l'unique, je vais partir. » Le surlendemain, il confirme sa demande d'euthanasie à son médecin traitant et, très vite, m'appelle pour m'annoncer son départ fixé au 4 mai. Il sait que je dois partir au Québec le 2 et que je ne peux pas bouleverser un programme public fixé de longue date. À ses yeux, ce n'est « pas grave ». Le 4 mai se vivra dans la stricte intimité familiale mais il compte fermement sur moi pour la célébration d'une cérémonie laïque à l'église, comme je l'avais fait pour son épouse.

Avant de partir, je m'assure évidemment de la disponibilité d'un lieu où nous pourrons vivre, à mon retour, un « hommage laïque dans une église » comme nous en étions convenus depuis si longtemps. Je suis particulièrement heureux qu'un jeune curé voisin, le père Salvator, comprenne la démarche et accepte d'ouvrir son église située à une encablure de Louvain-la-Neuve. Mais je n'avais pas prévu que le lundi 6 mai, le journal *Le Soir* publierait un entretien posthume de mon ami Christian (il m'en avait parlé sans m'en révéler la teneur) où il souhaitait rendre publique sa décision d'euthanasie.

Dans un premier temps, l'hommage du pays est unanime. Toute la presse salue cet immense chercheur à qui l'on doit de telles avancées en matière de cancérologie, et qui, jusqu'à son dernier souffle, n'aura cessé d'alerter la planète, c'est-à-dire chacun, en l'interrogeant sur ses choix de vie. Mais pourquoi donner une publicité à sa décision d'euthanasie ? La question est débattue, y compris dans les journaux. Était-ce provocation de sa part ? Non ! D'autant plus qu'il avait peur de blesser et d'entrer en conflit. Mais je crois qu'il voulait poser un geste philosophique, « positif » à ses yeux, en homme libre et indépendant et très respectueux de celles et ceux qui, dans les mêmes souffrances et avec la même liberté intérieure, font un choix différent. Il y a de la grandeur à partir dans la lucidité et le souhait de maîtrise « jusqu'au bout ». Mais il est grand aussi de regarder lucidement sa dégradation et de l'accueillir comme un dépouillement suprême. Il y faut également de la force.

Du côté de l'Église catholique, ça bouillonne un peu. Pauvre père Salvator ! Lui qui a accepté de nous accueillir dans son église avec tant de générosité se trouve fortement interpellé par la hiérarchie et par plusieurs de ses paroissiens. Son appel au secours va me rejoindre au-delà de l'océan. Il m'explique par téléphone que certains responsables ecclésiaux se sentent « trahis ». Une célébration laïque dans une église pour quelqu'un qui affirme sa non-croyance, c'est déjà beaucoup, mais avec une euthanasie à la clé, annoncée publiquement, et pour un prix Nobel, professeur dans une université catholique, c'est trop ! L'université, bien entendu, est prête à ouvrir ses auditoires, mais s'il fallait s'y résoudre, je le vivrais avec le sentiment de ne pas respecter une parole donnée au couple de Duve un soir de si grande mémoire. Alors, je plaide la patience et demande qu'on attende mon retour.

Finalement, l'évêque du Brabant wallon, monseigneur Hudsyn, a fait preuve d'une grande ouverture et a accepté de nous entendre longuement, le père Salvator et moi-même. Il a compris quel sens avait cet engagement passé avec la famille et qu'il ne s'agissait pas de « promouvoir l'euthanasie » mais d'offrir à tous, croyants ou non, une parole spirituelle forte qui pourrait rejoindre chacun sur son chemin singulier. Je sais gré à mon Église d'avoir su garder sa porte ouverte alors que cette célébration lui posait question. Mais n'est-ce pas une bonne question appelée à s'élargir à l'avenir ?

Cette démarche doit pouvoir être offerte à toute personne qui la souhaiterait. Il m'est d'ailleurs arrivé à plusieurs reprises, comme à d'autres confrères, je le sais, de célébrer à l'église les funérailles de quelqu'un qui voulait une liturgie catholique dans le respect de sa laïcité. Étrange ? Pas pour moi. Et en cela, les funérailles de Christian de Duve encouragent à élargir cette question « nouvelle ». Après la cérémonie, plusieurs prêtres m'ont écrit pour me dire que la célébration imaginée pour mon collègue et sa famille n'était que la partie visible et publique d'une demande à laquelle ils sont eux-mêmes confrontés. Eux aussi, et de plus en plus, perçoivent cette expression d'une soif spirituelle réelle mais hors norme à laquelle ils ne parviennent pas toujours à donner des gestes et des mots. Ouvrir leur église, oui, mais pour y célébrer quoi ? Comment, sans s'éloigner de ses propres sources, imaginer des alternatives crédibles ? À ce propos, j'ai souvent interpellé des amis laïques en leur demandant d'aller plus loin dans l'élaboration de leurs propres rites. Mais je ne serais pas triste que l'Église, sans aucune confusion des genres, considère que le remarquable patrimoine architectural dont elle jouit soit aussi à la disposition de cérémonies « mixtes », au carrefour du littéraire, de l'artistique et de l'évangélique.

C'est exactement ce qui s'est passé pour Christian de Duve. Il y avait foule à l'église de Blocry ce samedi-là, on ne s'en étonnera pas, mais cette foule, très vite, est devenue une assemblée si participante et si sereine dans sa diversité. On allait y faire entendre la parole de celui auquel on rendait hommage, évidemment. Comment ne pas relire, à ce moment-là, une page de son *Jésus*[2] revisité par Darwin ? Et accueillir aussi ce qu'il appelait un « dernier virage » à propos de sa « réalité en devenir » ? Mais il n'était pas seul. Rainer Maria Rilke, Thomas Merton, Vincent Van Gogh avaient aussi rejoint la liturgie du dernier adieu, sans oublier saint Jean et son chapitre où résonnent ces quelques mots qui, à eux seuls, évoquent l'incroyable audace du christianisme des origines : « Je ne vous appelle plus serviteurs... je vous appelle amis » (Jean 15, 15). À cet instant-là, la conception même de Dieu vole en éclats.

Je venais de perdre un ami...

Un ami qui, peu de temps avant sa mort, m'écrivait encore que notre amitié lui était d'un « immense réconfort ». Il parlait aussi de « précieuse résonance ». J'aime beaucoup cette expression qui touche à l'amplification du son. Résonance : phénomène, disent les scientifiques, par lequel un système physique en vibration peut atteindre une grande amplitude. C'est vrai qu'au-delà de nos convictions singulières et de nos visions du monde qui pouvaient être différentes, notre amitié avait atteint une grande amplitude. Y compris quand il nous arrivait de parler d'Évangile.

« Je vous appelle amis. » Ces quelques mots de Jean, si déterminants pour moi au cœur de ma foi, nous les avions évoqués au moment de la mort de son épouse. Et nous y étions revenus à plusieurs reprises. Un texte que Christian de Duve, suite à nos conversations, trouvait d'une étonnante audace et correspondait bien, je crois, à la perception qu'il se faisait de Jésus. « Je vous appelle amis » et « je vous dis cela pour que ma joie soit en vous ; qu'elle demeure en vous » (Jean 15, 11). Christian de Duve aimait particulièrement cette cantate 147 de Jean-Sébastien Bach qui a résonné dans la liturgie : « Jésus, que ma joie demeure », joie que l'ami inquiet saura partager dans la discrétion. Joie de la raison scientifique, joie de l'exigence éthique, joie de l'émotion artistique : trois joies légères et graves que le dernier hommage a tenté de faire chanter dans un grand poème liturgique.

Pendant longtemps, Christian de Duve ne fut pour moi qu'un collègue. Un collègue respecté, bien entendu, admiré, mais que je ne voyais qu'exceptionnellement. Jusqu'au jour où il m'adressa son livre *À l'écoute du vivant*[3] avec cette dédicace : « À Gabriel Ringlet, compagnon de route dans la recherche du vrai. » J'étais très surpris car je n'avais jamais eu de réelles conversations avec lui. Mais je me suis vite rendu compte qu'il avait lu *L'Évangile d'un libre penseur*[4] et que ce livre l'avait marqué. Il me dira plus tard son bonheur qu'un collègue d'une université catholique ait pu écrire « cela qu'il partageait vraiment sans oser en parler lui-même aussi clairement ». Notre relation allait s'engager assez vite à travers cet appel très clair : « Accepteriez-vous que nous fassions un bout de route ensemble ? »

La naissance d'une amitié sobre et délicate s'affirma au moment où il m'invita à passer la soirée chez lui en compagnie de Ninon, son épouse. Nous étions à peine assis qu'il me servit un verre et, ne sachant trop comment il devait m'appeler – manifestement « monsieur l'abbé » ne lui convenait pas du tout, et à moi encore moins ! –, il me demanda, un peu solennel : « Monsieur le prorecteur, nous voudrions, ma femme et moi, que vous organisiez une célébration lors de notre décès. » Manifestement, il avait hâte de me confier sa demande, comme si elle brûlait en lui. Je vois encore le visage de Ninon guettant ma réaction. Et lui d'enchaîner, sans transition : « Nous aimerions une célébration laïque, ouverte à tous, respectueuse de chaque conviction, si possible dans une église. »

La soirée fut passionnante. Nous parlâmes de leur soif spirituelle liée à la peinture, la musique, la poésie, de leur balancement entre agnosticisme et non-croyance et de leur souci de célébrer le grand adieu dans un cadre à la hauteur des interrogations ultimes. Ils me donnaient carte blanche : « Nous sommes convaincus que le prêtre que vous êtes ne nous trahira pas. » Sur le pas de la porte, au moment de me quitter, Christian de Duve me dit : « J'espère que nous nous reverrons régulièrement pour prolonger notre conversation. Et pour préparer mes funérailles ! Car vous comprenez que je partirai bien avant mon épouse. »

C'est elle, pourtant, qui s'en alla peu de temps après, emportée de manière brutale par une maladie fulgurante. Et nous voilà appelés à construire, bien plus tôt que prévu, une « cérémonie laïque ouverte à tous » où l'Évangile, la musique et la littérature se donnèrent très heureusement la main. Comme Ninon était peintre, plusieurs de ses tableaux exposés dans le chœur de l'église offrirent une douce lumière à cette cérémonie habitée par l'« Ultime Réalité » si chère au professeur de Duve. En quittant l'église de Tourinnes-la-Grosse, je savais que notre amitié si pudique venait de s'engager sur le chemin de l'affection.

Cela ne veut pas dire que nos accords étaient parfaits. Il m'arrivait, par exemple, de l'interpeller sur sa vision d'une religion très marquée par l'éducation chrétienne de son enfance. Je voyais bien que l'exégèse biblique contemporaine n'avait pas fait halte dans son laboratoire ! Du coup, il me ferait relire de près sa *Génétique du péché originel.* En acceptant d'y intégrer quelques-unes de mes remarques (pas toutes !), il me remercia d'avoir mis un peu d'eau bénite dans son vin laïque ! Il faut croire que ce vin coupé était à son goût puisqu'un peu plus tard il m'annonçait, joyeux : « J'ai un manuscrit qui va probablement t'intéresser, mais tu ne devineras jamais le titre : *De Jésus à Jésus en passant par Darwin.* » Si je m'attendais à cela… Pour lui il y avait urgence, me confiait-il en dédicace, me parlant de ses « modestes mémoires de pré-tombe qui doivent beaucoup à nos conversations ». On pouvait imaginer que le célèbre chercheur allait s'arrêter là. C'était mal connaître la soif de comprendre de ce savant qui, rien qu'à l'idée d'un nouveau livre, rebondissait, excité et heureux. Pas étonnant, dès lors, qu'à l'âge de quatre-vingt-quinze ans, quelques mois avant sa mort, il nous propose encore *Sept vies en une. Mémoires d'un prix Nobel*[5]. Et là, suite peut-être à notre si forte connivence autour de son *Jésus*, il m'écrivit à deux reprises avant la parution du livre : « Je crains de te faire de la peine car je suis en train de renoncer à la notion d'"Ultime Réalité", que je remplace par "Réalité en voie de devenir". » J'allais lui répondre qu'au grand séminaire de Liège comme à l'université de Louvain, on m'avait enseigné la notion de « Révélation continue », que cette Révélation n'a rien de figé, qu'elle se laisse blesser par le temps et par la culture et que c'est heureux. J'ajouterais, devant son scepticisme bien tempéré, que j'étais tout disposé à lui montrer les *syllabi* de mes études que je conservais comme les précieuses reliques d'un temps théologique béni des dieux ! C'est que je le connaissais, l'ami Christian. Il allait tout de suite répliquer : « Oui, ça, c'est toi ! » Et j'allais lui redire à n'en pas finir : « Moi et bien d'autres que moi ! »

Dans un des tout derniers courriels qu'il m'adressa, il me parlait – c'était rare – de son écriture, et regrettait l'« aride et glaciale sécheresse » de son langage rationaliste. « Ton langage poétique est tellement plus chaleureux que le mien. » Une magnifique discussion allait s'ensuivre où je lui demandais : « Pourquoi n'accueillerais-tu pas cette expression poétique qui est bien plus en toi que tu ne veux te l'avouer ? » Nous n'eûmes, hélas, pas le temps de poursuivre... Mais en construisant la cérémonie laïque et spirituelle qu'il avait tant appelée de ses vœux, un poème d'Yves Namur m'est revenu en mémoire, bien accordé, je crois, au travail des chercheurs de fond :

Se pourrait-il qu'un homme creuse la terre
Sans que jamais il ne s'arrête de creuser ?

Qu'il descende chaque jour plus profondément
Dans les profondeurs des puits,

Qu'il creuse ainsi
Jusqu'à la moindre parcelle de terre

Et
Jusqu'aux plus lointaines blessures de la terre ?

Pourrait-il alors
Entrevoir le vide qui nous habite,
Ce vide
Qui remplit le monde et les forêts
Sans que nous le sachions vraiment[6] *?*

La traversée de Suzanne

Atteinte d'une maladie neurodégénérative, Suzanne vit chez une de ses filles qui l'accompagne avec attention. Il n'empêche qu'elle souffre de dépression et répète depuis des mois son désir d'« en finir ». Très confiante dans le médecin de campagne qui l'écoute et la suit depuis vingt ans, elle sait bien qu'il est prêt à recevoir toute la charge émotive de sa demande ; il lui a permis de suivre de près l'évolution de sa maladie et le moment venu, si elle persiste, lui a promis d'agir sans faux-fuyants. Mais dans son état actuel, les conditions qui, en Belgique, permettent le recours à l'euthanasie ne sont pas réunies.

Suzanne est tellement déterminée qu'un jour, pendant le sommeil de sa fille, elle tente de se suicider par surdosage de médicaments. On imagine le choc pour la famille, en particulier pour les petits-enfants, tellement attachés à leur grand-mère et dont plusieurs vivent sous le même toit. Mesurant l'ampleur du traumatisme qu'elle a provoqué, elle accepte de rencontrer une psychiatre avec qui elle va faire un bon bout de chemin. Mais au terme de la démarche, elle réitère son souhait avec la même détermination.

La patiente s'impatiente.

Son médecin reprend la main, lui répète qu'il ne peut pas l'accompagner dans sa demande d'assistance au suicide mais s'autorise à la secouer en lui disant : « Vous êtes entourée de manière remarquable. Comment se fait-il que votre vie, relationnellement et affectivement si riche, ait perdu sens à ce point ? » La sentant déstabilisée et très interpellée par une interrogation qu'elle se pose elle-même en profondeur, il pousse le questionnement encore un peu plus loin et lui demande quelles sont ses références spirituelles, si elle en a, car il ne l'a jamais rencontrée sur ce plan : « J'ignore vos convictions et si vous êtes croyante ou non, mais vous arrive-t-il de vous interroger à cet égard ? » Suzanne lui confirme la grande importance, pour elle, de la religion, qu'elle est catholique pratiquante et qu'elle a quelque peine à concilier sa foi chrétienne et sa demande d'euthanasie. À ce moment-là, le médecin prend contact avec moi car il pense que le débat vient de s'élargir et qu'il faut absolument creuser avec elle la question du sens « en l'écoutant par l'intérieur ».

Je reçois Suzanne dans mon prieuré. Pendant un long moment, elle me raconte d'abord, jusque dans le détail, tout ce que son médecin m'a confié, sans complaisance ni occultation. Elle parle spontanément de sa tentative de suicide, me décrit son chemin de foi, plutôt traditionnel, et me parle beaucoup de sa culpabilité. Puis, les larmes aux yeux, elle me dit : « Je souhaite l'euthanasie. Pouvez-vous me comprendre ? »

Je la trouve très présente, Suzanne, précise et particulièrement lucide. J'essaie de la décentrer de cette culpabilité qui la ronge en lui proposant d'encore un peu poursuivre le chemin, qu'on prenne le temps de se revoir et même, si elle le souhaite, de célébrer « cela » qu'elle est en train de traverser. Elle accepte, reconnaissante, et, quelques semaines plus tard, revient me voir en compagnie d'une de ses filles. Nous parlons cette fois encore un bon moment et puis, comme convenu, je leur propose de me rejoindre dans mon petit oratoire pour une célébration à trois. Une célébration eucharistique. J'ai choisi des textes et des musiques de grande sérénité, sans négliger de porter avec Suzanne, en toute clarté, le questionnement qu'elle m'a confié.

Cette célébration n'est pas une fuite, enrobante et donc mensongère, ce serait insupportable, mais une rencontre délicate et, j'ose dire, poétique, de ses interrogations les plus vives. Un moment intense autour d'une femme que je sens heureuse de vivre une liturgie comme celle-là. Pourtant elle reste déchirée et va l'exprimer explicitement à travers ses larmes. À la fin de la messe, elle me répète : « Merci. Merci beaucoup. Ça m'a fait grand bien. Mais… (et elle éclate à nouveau en sanglots) je tiens à vous le redire, je souhaite l'euthanasie. J'ai vu mourir maman, quand j'étais jeune femme, dans des conditions atroces. Je connais ma maladie et je ne veux pas que mes enfants et mes petits-enfants vivent la même chose. »

La suite prendra encore un bon bout de temps. L'état de Suzanne se dégrade, ce qui la pousse à redire avec insistance ce qu'elle exprime depuis des mois. Mais ses petits-enfants, dont plusieurs sont des étudiants d'une vingtaine d'années, ont grand-peine à entendre sa demande et à l'accepter.

Avant de poursuivre, je crois utile d'apporter une précision. Il me semble que dans le débat autour de l'euthanasie, on voit émerger trois positions. Les uns disent : « Ma mort m'appartient. Je suis autonome devant cette décision. En conscience, je me donne mes propres balises. » D'autres disent : « Ta mort ne t'appartient pas. Oui, tu es sujet, mais tu t'inscris dans un espace plus large que ta seule autonomie. » Mon choix serait plutôt de dire : « Ma mort m'appartient mais elle ne concerne pas que moi. » Comme le père Desmet, jésuite et médecin, à la tête d'une remarquable unité palliative dans le Limbourg belge, je crois à l'autonomie en alliance. Pour passer à l'acte, j'ai d'ailleurs besoin de la solidarité d'un médecin, ce qui n'est pas rien. L'euthanasie est ainsi toujours, par définition, la rencontre de deux libertés, au moins.

Or voilà bien la situation dans laquelle se trouvent Suzanne et son entourage : il leur faut accueillir une autonomie en alliance. Je peux témoigner que les semaines qui vont s'écouler entre la liturgie dans mon oratoire et sa mort par euthanasie dans un service de soins palliatifs seront des semaines de réel approfondissement relationnel et spirituel. Tout le monde cheminera sans jamais nier la difficulté du choix. Nous aurons, comme toujours en pareilles circonstances, une longue réunion de la cellule d'aide à la réflexion éthique où chacun de ceux et celles qui ont accompagné donnera son avis et confiera son vécu. Plusieurs infirmières, par exemple, diront leur malaise de n'avoir pas cheminé suffisamment longtemps avec la patiente dans le service lui-même, ce qui fera dire à Suzanne s'adressant à une de ses filles : « Tu vois, elles doivent avoir le temps de s'attacher à moi pour pouvoir me quitter ! »

Une fois la décision prise, je suis allé saluer Suzanne. Je la trouve très présente, sereine, apaisée. Je crois même pouvoir parler de gratitude de sa part. « Il nous fallait du temps, dira-t-elle au moment de partir, à vous comme à moi. Maintenant, je suis bien. Je suis en paix. » Derniers regards, dernières larmes et un long moment de tendresse en écoutant Chopin.

Une femme m'a appelé

J'ai conscience d'aborder ici une question qui peut perturber voire choquer. Je ne suis pas sûr qu'il y a cinq ou six ans, j'aurais rencontré le sujet dans le même état d'esprit qu'aujourd'hui. Sans doute parce que moi aussi j'ai cheminé. Et surtout parce qu'une femme m'a appelé.

J'utilise ce mot à dessein, dans toute la force qu'on lui donne quand on parle de vocation. Ce n'est pas rien d'être appelé. Être appelé à la prêtrise par exemple, entendre une voix qui vous travaille dans le secret, au plus profond. Aucune magie à cela. Pas d'effet de manche, ni d'éclair, ni de voile qui se déchire dans le temple. Les rochers ne se fendent pas, encore qu'une vocation provoque bien des fissures à l'intérieur… Mais on peut être appelé, aussi, à écrire, à soigner ou à se solidariser avec des populations bafouées dans leur dignité. Être appelé quelques fois dans une existence, pas plus. À condition que quelqu'un m'appelle et me dise : « Lève-toi ! » Ce peut être un personnage de fiction, pourquoi pas ? Un héros de roman peut faire basculer une vie. Ou même une image au journal télévisé.

Il y a quelques années, quelqu'un, pour moi, s'est appelé Corinne.

Après des études à Strasbourg et un temps de coopération au Bénin, Corinne van Oost découvre les soins palliatifs en travaillant à Paris à la maison médicale Jeanne-Garnier. Arrivée en Belgique il y a une vingtaine d'années, elle devient le médecin de référence de Domus, une équipe pionnière dans le développement des soins palliatifs à domicile. En 1998, elle rejoint la clinique Saint-Pierre d'Ottignies, juste à côté de Louvain-la-Neuve et de son université, où elle est amenée à ouvrir et à développer le nouveau service des soins palliatifs de l'hôpital. Elle participe aussi au comité d'éthique de la clinique, ce qui l'entraîne au cœur des questions les plus difficiles auxquelles se trouve confrontée la médecine d'aujourd'hui.

Corinne van Oost m'a appelé deux fois. La première pour que j'accepte de cheminer, si je le pouvais, avec des personnes en grande interrogation spirituelle au cœur de leur demande d'euthanasie. Et la seconde, plus récemment, pour me proposer de réfléchir avec elle et avec son équipe à la question d'un rituel d'accompagnement de l'acte lui-même. Car le cheminement spirituel que je viens d'évoquer à propos de Suzanne s'arrête-t-il à la prise de décision ? Laisse-t-on l'acte à sa seule technicité, même attentive et délicate, ou conduit-on la démarche spirituelle jusqu'au bout, c'est-à-dire jusqu'à sa dimension rituelle ? Avec le recul et un début d'expérience, je découvre aujourd'hui cet appel comme une chance et une responsabilité, l'occasion rare de permettre à tous les acteurs de vivre, malgré et à travers la transgression, un moment d'exceptionnelle intensité.

Avant d'évoquer cette démarche qui en est encore à ses tout débuts, je souhaite redire une chose très simple que je répète de livre en livre, mais dont je pense qu'il faut l'affirmer avec plus de force encore aujourd'hui : célébrer touche aux fondements mêmes de l'humanité. Célébrer, ce n'est pas fuir la vie ordinaire, c'est s'en emparer et la soulever pour lui offrir plus de légèreté. Et lorsqu'il s'agit de souffrance et de fin de vie en particulier, je me refuse à séparer trois mots qui se donnent la main : soigner, accompagner et célébrer. Soigner, évidemment, car il reste encore beaucoup à faire du côté médical dans la lutte contre la souffrance. Accompagner, élargir le soin jusqu'à sa dimension relationnelle. Et célébrer, c'est-à-dire élever, agrandir, élargir, porter plus loin ce qui se joue là de si exigeant et difficile. Car pour mettre au monde cette vie qui s'en va et prend un autre chemin, le patient, comme l'accompagnant et le soignant, a besoin de l'imaginaire, d'un récit, d'une musique, d'une photo, d'un poème, d'une prière...

François Cheng y invite :

Célébrer ce qui, jailli d'entre nous,
tend encore vers la vie ouverte
Ce qui, d'entre les chairs meurtries,
crie mémoire
Ce qui, d'entre les sangs versés, crie justice
Seule voie en vérité où nous pourrions encore
honorer les souffrants et les morts
(...)
Célébrer l'au-delà du désir, l'au-delà de soi
Célébrer l'aube des noms réinventés
Célébrer le soir des regards croisés
Célébrer la nuit au visage émacié
Des mourants qui n'espèrent plus rien
mais qui attendent tout de nous[7].

Pour le croyant, ce qui « crie mémoire » et « tend vers la vie ouverte » pourra passer par le chemin du Livre. Le chrétien dira ce qui le relie au Passeur de Gethsémani à l'heure de la grande détresse. Mais le non-croyant célèbre aussi l'« au-delà de soi », l'« aube des noms réinventés », le « soir des regards croisés ». Et s'il me dit que son chemin s'arrête, l'histoire que nous avons vécue en alliance ne s'arrête pas pour moi qui l'ai soigné et accompagné. On célèbre aussi pour ceux qui restent…

Qu'il me soit encore permis d'ajouter qu'on ne célèbre pas que la réussite dans la vie. On est aussi appelé à honorer la limite et à trouver souffle au cœur de l'impasse. N'est-ce pas face au mur, quand la fragilité touche à son comble, qu'on a le plus besoin d'une parole à hauteur d'impossible ?

Les pages qui suivent esquissent les premiers traits d'un paysage encore largement à dessiner. À l'appel de Corinne van Oost, j'ai accepté de m'aventurer sur un terrain vierge où mes pas ne sont pas assurés. Je livre ici, sobrement, la réflexion d'un célébrant aussi attentif au chœur d'une cathédrale qu'au lit d'une chambre d'hôpital. En sachant que la cathédrale n'est pas toujours où l'on pense… Et je vais tenter de parler à la fois à celui qui croit et à celui qui ne croit pas puisque je pense qu'il y a un fond commun à toute célébration, que chacun pourra revisiter et expliciter à la lumière de sa conviction particulière[8].

Quand il va y avoir euthanasie, une chose, d'abord, me paraît essentielle : créer un climat pour que tous les partenaires, le patient, ses proches, l'équipe soignante, se sentent en grande solidarité à un moment de si intense émotion. On pourrait en dire autant de toute célébration qui consacre un engagement personnel, mais il me semble que l'« adieu choisi », à cause du retentissement intérieur d'une telle décision, appelle plus d'attention encore. Ce climat se prépare si possible et idéalement à travers des échanges préalables. C'est bien pourquoi, quand la situation le permet, la décision d'euthanasie doit prendre son temps. Et pas seulement pour des raisons médicales et relationnelles. Une célébration aussi doit mûrir, cheminer, se préparer, bien avant l'heure de se déployer.

Je devine déjà quelques regards sceptiques. Dans quel ciel d'abstraction suis-je en train de planer, moi qui me méfie depuis longtemps des propositions trop idéalistes ? Ici, pourtant, je vais tenir ferme, car c'est de culture qu'il s'agit, et même de culture palliative. Puisque – on y viendra – je me refuse à séparer soins palliatifs et euthanasie, je forme le vœu que les équipes palliatives, si soucieuses de jeter sur le patient un regard transversal (le contraire d'une approche émiettée), intègrent la dimension de célébration, tel un élément de soin, avant même qu'un geste « liturgique » soit posé.

Quand l'heure de l'acte approche, ce climat se prépare aussi matériellement. Même dans une chambre étroite et un peu encombrée, il suffit de si peu pour donner à l'« ici » un brin d'« au-delà ». En quelques minutes, des mains expertes, à travers un déplacement d'objets, peuvent offrir au lieu une couleur qu'il n'avait pas avant. Je ne veux rien solenniser, ni transformer la chambre en chapelle ou en temple maçon ! Je ne prône pas une rupture mais un ressaisissement, une réappropriation. Ce qui suppose qu'on se donne le temps d'un sobre aménagement.

Quelqu'un doit conduire ce rituel. Là, en fonction de la diversité des attentes et des situations, ce quelqu'un sera femme ou homme, laïc ou prêtre, croyant ou non… mais il n'y a pas de rituel sans un « rassembleur » qui tienne le fil du déroulement. Le rôle, je le reconnais, ne s'improvise pas. D'où l'importance de se préparer à cette tâche, au moins un peu. Cette personne « présidant » au rite peut être de la famille, de l'équipe soignante, du bénévolat, de l'aumônerie, de l'assistance laïque, mais elle doit en tout cas avoir côtoyé le patient et être à même, en quelques mots, de s'adresser à chacune des personnes présentes. Célébrer, c'est aussi relier, rassembler ce qui peut-être était dispersé. Ce n'est pas une affaire d'éloquence ou de maîtrise, mais de tonalité, de pose de voix. Un ou une timide sera peut-être le plus à la hauteur dans ces circonstances-là. Ici encore, si on croit au bienfait de ce rite, peut-être faut-il appeler et reconnaître dans une équipe celle ou celui qui a vocation à le présider.

Ce moment de grand départ mérite d'être personnalisé. Et là encore, l'espace est largement ouvert. La personne qui nous quitte a-t-elle choisi un texte ? Un proche veut-il évoquer un souvenir, commenter une photo ? Un membre de l'équipe soignante serait-il désireux de prendre la parole ? L'entourage souhaite-t-il un moment de prière ? Tout cela est possible, sans précipitation, sans crainte d'un peu de silence et de beaucoup d'émotion.

Mais on parle aussi par le toucher, par le sentir. Pourquoi pas une caresse parfumée ?

Transposer par exemple ce beau rite auquel j'ai assisté il y a peu, lors d'une célébration de mariage. À partir d'une huile essentielle, les deux conjoints ont composé, l'un pour l'autre, un parfum original, et au moment du rite, chacun a marqué le front de l'autre, délicatement. Le premier disait : « Que cette caresse parfumée soit pour toi le signe de mon amour et de ma tendresse », à quoi l'autre répondait : « Je reçois cette onction comme une bénédiction. J'aimerais que tu gardes cette huile pour la verser à nouveau sur mon corps malade ou mal en point, et pour mon dernier voyage. » Qu'est-ce qui empêche, dans le cadre d'un rituel d'accompagnement de l'euthanasie, d'utiliser une huile essentielle et de poser une dernière fois un geste parfumé, signe de douceur, de tendresse et de bénédiction ? Et pourquoi ce geste ne serait-il pas collectif ? Celle ou celui qui préside pourrait inviter ceux qui le souhaitent à caresser d'huile la personne qui va les quitter.

J'entends une possible objection de la part des milieux croyants, catholiques en particulier. Ce rite d'onction d'huile n'est-il pas un sacrement déguisé ? Et du coup, ne risque-t-il pas d'introduire de l'ambiguïté ? Je ne le crois pas, à condition de bien distinguer les moments et les intentions. Le sacrement de l'onction des malades qu'on appelait jadis l'« extrême-onction » n'est plus aujourd'hui, heureusement, un geste posé à la sauvette en dernière minute, mais une véritable démarche liturgique engagée bien avant l'heure dernière et, de plus en plus souvent, dans un cadre communautaire. Il est heureux que des personnes en grande fragilité reçoivent ce sacrement de l'encouragement qui les aide à vivre une traversée parfois longue et difficile. Et je ne vois pas pourquoi un croyant qui a demandé et obtenu l'euthanasie ne recevrait pas ce sacrement-là, si heureux et si essentiel, à un moment surtout où sa foi est peut-être mise à rude épreuve. Mais je suggère que cette démarche sacramentelle soit clairement distinguée du rituel d'accompagnement de l'euthanasie.

Je garde le souvenir d'une institutrice en grande souffrance depuis des années. Arrivée en toute extrémité, elle demande à me voir après avoir obtenu l'autorisation d'une euthanasie envisagée la semaine suivante. Durant la conversation, elle me parle de sa foi un peu en veilleuse et du bout des lèvres, comme si l'euthanasie le lui interdisait, elle tente de me faire deviner qu'elle aimerait recevoir le sacrement des malades, mais que, bien sûr, je dois être très à l'aise parce que sans doute, en la circonstance, ce n'est pas possible pour elle. Avec un grand sourire, je lui dis que, bien entendu, nous allons préparer cette célébration. Elle me propose de retenir le passage de l'Évangile où Jésus accueille les tout-petits, « en souvenir de mon métier, précise-t-elle, puisque j'étais jardinière d'enfants ». Puis elle éclate en sanglots. Je découvre après quelques secondes qu'elle pleure de joie. Nous convenons d'un moment pour le sacrement puis elle me demande : « Et la semaine prochaine, pour l'euthanasie, vous serez là ?

– Mais oui, bien sûr que je serai là. » Elle me regarde, incrédule : « C'est vrai ? Vous serez vraiment là ? » À ce moment précis, ce ne sont plus des larmes mais un océan qui se déverse, des vagues entrecoupées de secousses entre lesquelles j'entends des « Merci, merci ». Elle va s'apaiser, me prendre longuement la main et sourire. Elle mourra quelques jours plus tard… sans avoir attendu l'euthanasie.

Le personnel soignant, le médecin en particulier, va devoir, maintenant, poser l'acte médical qui mettra fin à la vie du patient. Ce geste si exigeant qui rejoint dans les grandes profondeurs celui ou celle qui le pratique, je ne le situe pas « hors rituel ». Il me paraît important qu'à ce moment-là, en liaison avec ce qui a précédé, le médecin prenne la parole pour expliquer, cela va de soi, le déroulement des minutes qui vont suivre, et que cette parole, si possible, soit plus que médicale. Comment dire ? On ne passe pas, brusquement, du poétique au technique. Il est bon que la parole médicale soit aussi amicale et s'inscrive dans l'esprit du rituel en cours.

Enfin, au moment où la personne décède et où l'équipe soignante et l'accompagnant du rite vont se retirer pour laisser les proches dans l'intimité, il peut y avoir un moment de silence et un dernier mot de merci à tous. Car tous doivent être encouragés à l'heure où commence l'« après ». Un après qui n'est pas seulement psychologique parce qu'on vient de vivre un moment bouleversant, mais qui touche aussi au spirituel. Chacun de ceux qui restent, le conjoint, le petit-fils, l'infirmière, le bénévole, le médecin… est renvoyé à cette souffrance que pose toute vraie question de sens. Chacun est confronté à sa propre solitude. Une solitude fondamentale. Une solitude qui n'est pas un isolement, un enfermement, mais une ouverture. Car ce qui s'est vécu là, si intense collectivement, il va falloir le vivre solitairement. Mais si ce que j'appelle le « rite », l'expression symbolique du départ, a été vrai, cette solitude de l'après-rite peut devenir passage vers plus de solidarité. Une manière de « rester vivant pour plus large que soi[9] ».

Grandir dans la transgression

Si on m'avait dit un jour que l'accompagnement de la mort et l'engagement en soins palliatifs me conduiraient « jusque-là » ! Imaginez un peu, voilà des années que je chante la fragilité, des années que j'invite à accueillir la précarité, habité par la certitude qu'une vie reste grande jusqu'au cœur de sa dégradation la plus insupportable – l'Évangile m'est un socle sur ce terrain-là. Cependant, la défense de la vie la plus ténue ne m'autorise pas à passer sous silence les situations d'impasse. La première exigence éthique consiste à le reconnaître. Il arrive, oui, qu'une muraille soit infranchissable, et qu'alors, en conscience, je sois confronté à la question de l'euthanasie.

Comme il ne peut s'agir, pour moi, que d'un dernier recours, un acte posé, si j'ose dire, en état de légitime défense, et parce que je trouve essentiel d'entendre et de respecter la position de celles et ceux qui s'y opposent, je me propose d'abord de marcher dans leur direction et de souligner d'importantes convergences de regards, même si, au terme du parcours, je suis amené à dire ma différence.

Avant d'entrer dans le vif du débat, je souhaite évoquer la réaction d'un collègue de l'université catholique de Louvain, Michel Dupuis, professeur d'éthique biomédicale, qui un matin, à la radio, à une heure de grande écoute, encourageait les auditeurs à éviter l'« espèce de panique morale qui s'empare de nos sociétés ». Avec pour effet (j'ai noté au vol) de provoquer deux conséquences très néfastes pour nos démocraties : soit une fixation sur une éthique un peu rigide, souvent conservatrice – et ça crispe le débat ; soit, à l'inverse, une sorte d'emballement fou qui arriverait à banaliser les enjeux, comme si l'euthanasie n'était pas, radicalement, fondamentalement, une transgression.

Soucieux de rencontrer, dans mon Église en particulier, celles et ceux qui s'opposent à tout acte d'euthanasie, sans aucune exception, j'ai relu les positions de plusieurs épiscopats et, singulièrement, la déclaration du Conseil permanent de la Conférence des évêques de France intitulée « Fin de vie : pour un engagement de solidarité et de fraternité[10] ». À la fin du texte, les signataires soulignent que le respect dû à toute personne en fin de vie « passe par le refus de l'acharnement thérapeutique, le refus de l'acte de tuer, le développement des soins palliatifs et le renforcement des solidarités familiales et sociales ». Il m'est facile d'être d'accord avec trois des éléments évoqués, peut-être même trois et demi…

Les évêques ont raison d'en appeler au « renforcement des solidarités familiales et sociales ». L'euthanasie est concernée au premier plan. Je sais à quel point la demande d'« en finir » peut être un appel au secours, une manière radicale d'exprimer son impuissance ou sa solitude. Je pense par exemple à l'insistance de Jean-Pierre. Voilà des jours et des jours qu'il s'embourbait dans un découragement de plus en plus inquiétant et réclamait l'euthanasie alors que son état, pourtant douloureux, ne permettait pas aux médecins de rencontrer légalement sa demande. Une longue écoute a permis de beaucoup mieux nommer la source de son désespoir. On savait son épouse atteinte de la maladie d'Alzheimer à un stade avancé et hospitalisée loin de lui. Quelle souffrance déjà ! Ce qu'il n'avait pas dit et qu'on allait découvrir au fil des conversations : leur fils unique, hospitalisé en institution psychiatrique, était autorisé à rejoindre la maison familiale car il était désormais capable d'une plus grande autonomie. Pour Jean-Pierre, il paraissait impossible que ce fils puisse guérir pleinement s'il devait porter ses deux parents sur ses épaules encore si fragiles. Le devenir de son fils lui importait bien plus que le sien. « Il lui faudra déjà tant de force pour accompagner sa maman ! Alors, il vaut mieux que je disparaisse. » Bien sûr que ce n'était pas une raison d'euthanasie, mais que répondre à Jean-Pierre ? Je veux dire : que lui répondre de précis, de concret, de structuré ? Une vraie proposition qui permette à ces trois-là d'encore trouver sens à l'existence ? Où sont les lieux vraiment capables de solidarité en acte, et qui en apportent la preuve ? Et pas seulement suite à un coup de cœur pour une situation particulière, car la question se pose à large échelle et rejoint le cri évoqué plus avant : « Nous n'intéressons plus personne ! »

Habité par cette certitude que la solidarité fait reculer l'euthanasie, j'ai découvert avec bonheur, dans un autre contexte, une interview du père Bruno Cadoré, maître général des dominicains et médecin spécialisé dans les questions bioéthiques. Dans un entretien au journal

La Croix, il évoque le 800e anniversaire que les frères prêcheurs vont célébrer en 2016-2017 et rappelle à cette occasion que pour saint Dominique, la proclamation de l'Évangile ne pouvait se faire « sans les pécheurs, sans les oubliés et sans les plus éloignés ». Soucieux de rendre vivant le charisme dominicain dans le monde de ce temps, Bruno Cadoré adresse à ses frères une feuille de route extrêmement précise : « Nous devrons chercher des lieux nouveaux pour apprendre. Notamment auprès de ceux qui ne comptent pas, des sans-voix, ceux qui sont aux “périphéries”, selon la désignation du pape François. » Oui, poursuit le maître de l'ordre, « chercher les lieux où la dignité humaine est mise à mal pour y faire entrer le dialogue théologique[11] ».

Pour que recule ce que j'appelle l'« euthanasie de l'extrême fatigue », il faut aussi que la théologie, la théologie morale en particulier, entende le cri des « sans-voix » qui n'intéressent plus personne et aille se perdre du côté des « périphéries » du découragement.

Le deuxième argument des évêques de France porte sur le « refus de l'acharnement thérapeutique ». Comment n'être pas d'accord avec eux ? Beaucoup de personnes en fin de vie redoutent par-dessus tout cette obstination déraisonnable à travers la prolongation d'un traitement parfois très invasif et, du coup, elles veulent s'assurer, « par précaution », qu'une euthanasie sera possible pour éviter un acharnement contraire au respect de leur dignité. Et comme, trop souvent, on ne les écoute pas, faut-il s'étonner du taux élevé de suicides dans les maisons de repos ? Soyons clairs : il n'est plus permis aujourd'hui de mourir d'une infection pulmonaire ou d'une décompensation cardiaque, alors on envoie à l'hôpital, et là on fait des examens et encore des examens. « L'hôpital a toujours une solution pour tout ! » s'exclame le docteur Corinne van Oost pour qui il est prioritaire de combattre cette surenchère thérapeutique, « sinon nous aurons toujours plus d'euthanasies puisque, dans un tel système, l'euthanasie apparaît comme la seule façon de refuser la médecine d'acharnement et sa prise de pouvoir[12] ».

Que d'euthanasies pourraient être évitées si on passait en soins palliatifs un peu plus tôt ! Et je ne parle même pas de cet autre acharnement qui consiste à maintenir quelqu'un en état végétatif durant des années. Heureusement, depuis 2002, en France comme en Belgique, une loi sur les droits du malade reconnaît au patient la possibilité de refuser un traitement par déclaration anticipée. Encore faut-il faire connaître cette disposition et entreprendre à son propos un véritable travail pédagogique. Les personnes âgées, parfois grabataires mais encore conscientes, doivent – c'est une question éthique – recevoir une information personnalisée. Ce dispositif législatif sera repris et développé par la loi Leonetti du 22 avril 2005. Elle donne le droit d'interrompre ou de ne pas engager des traitements considérés comme « inutiles, disproportionnés ou n'ayant d'autre effet que le maintien artificiel de la vie ». Et ne pas s'acharner, cela peut aussi consister à interrompre l'alimentation et l'hydratation artificielles, dans le plus grand respect du malade qui n'en souffrira pas, puisqu'un traitement approprié accompagnera ce choix.

On ne sera pas étonné que l'épiscopat français, troisième accent de son argumentation, rompe une lance en faveur des soins palliatifs. Je ne cache pas mon grand attachement à la démarche palliative et mon admiration pour celles et ceux qui ont la chance, même si elle est rude, de s'y sentir appelés. Comme par exemple la maison Michel-Sarrazin à Québec. Voilà des décennies que ce lieu imaginatif ouvre des chemins pionniers pour mieux rejoindre l'accompagnement en fin de vie. Je n'ai pas été surpris qu'en 2014 la cinéaste Carole Laganière choisisse cette maison pour y tourner son film *Des adieux*, où elle raconte, sur la pointe du souffle, le quotidien de celles et ceux qui y vivent leurs dernières semaines.

Avec beaucoup de retenue, la caméra de Carole Laganière offre une densité rare aux gestes les plus ordinaires : changer un drap de lit, remplacer une sonde, dépouiller une chambre après un décès. Mais surtout, elle parvient à dessiner l'arc-en-ciel des caresses au long des journées, le massage souriant d'un bras si gonflé ou le doigt encourageant sur la joue d'une patiente qui a tant de peine à avaler. Je ne suis pas près d'oublier le geste hésitant d'un vieil homme s'efforçant d'essuyer comme il peut la bouche de sa compagne, ou encore la délicatesse de l'esthéticienne au moment de la pose du vernis à ongles, quand elle frôle doucement la main de sa patiente pour que le vernis prenne tout son éclat de tendresse. Douceur des gestes, mais douceur aussi de la lumière et du son : des morceaux de récits, des bribes de conversations, les corneilles au jardin, le vent dans les rideaux, un insecte sur une fleur et les notes régulières d'un vieux piano qui peut, lui aussi, tenir la main. Rien que des pointillés dans ce film qui parvient à en dire tellement à travers l'image d'une boîte de médicaments. Une caméra capable, et c'est bouleversant, d'aller rejoindre, si loin parfois, une tristesse au fond des yeux.

Faut-il opposer radicalement démarche palliative et euthanasie, au point d'établir entre les deux une frontière que certains estiment infranchissable ? Les évêques, dans leurs propositions, pensent que oui et s'en réfèrent le plus souvent à l'image du Dieu créateur. Mais le Dieu rédempteur ? Le Christ sauveur ? N'est-ce pas lui, surtout, qui m'accompagne de sa présence confiante à l'heure des responsabilités ? Lui qui, face aux choix les plus difficiles, encourage ma liberté de conscience ? Sauf à décider qu'on peut être chrétien sans le Christ…

Une longue expérience de terrain en étroite connivence avec la réflexion d'équipes palliatives si attentives à l'enjeu de ce grave débat m'amène à la conviction qu'il ne faut pas séparer. Je rejoins là le professeur Michel Dupuis quand il affirme qu'un acte d'euthanasie ne tombe pas du ciel ! Il ne prend sens, dit-il, qu'au cœur d'un projet thérapeutique global par rapport à une fin de vie. Alors n'est-il pas rassurant que cet acte, s'il doit être posé, le soit dans un cadre où tous les chemins auront été explorés avant d'y arriver, avec le souci permanent d'y associer les proches et l'équipe soignante ?

Claire Fourcade, médecin à la polyclinique du Languedoc de Narbonne, décrit bien l'exigence de cet accompagnement « frontalier » : « Être là, ne faire que du sur-mesure, jamais du prêt-à-porter ou de prêt-à-penser, prendre le temps de réfléchir ensemble, patients, proches et soignants ; c'est le travail quotidien d'une équipe de soins palliatifs[13]. » Mais précisément, refuser le « prêt-à-porter » ou le « prêt-à-penser » d'un accompagnement oblige aussi à regarder le « sur-mesure » de l'impasse. Car il arrive que l'on se trouve devant l'insupportable. Que cet insupportable ne soit pas identique pour tous n'autorise pas à s'en écarter. Les responsables des grandes religions en conviendront, comme en témoigne d'ailleurs un communiqué commun des représentants, en Belgique, du christianisme, du judaïsme et de l'islam. Dans un texte relatif à l'euthanasie où ils disent leur « vive inquiétude face au risque de banalisation croissante d'une réalité aussi grave », ils rappellent qu'ils sont eux aussi « contre la souffrance tant physique que morale, en particulier celle des enfants, car toute souffrance révolte[14] ». J'entends. Mais alors quoi, face à l'insupportable ? Lorsque des métastases pulmonaires, des vomissements à répétition, des hallucinations, des convulsions, du délire mais surtout de terribles difficultés respiratoires (la dyspnée) mettent le patient dans un état d'angoisse qui devient terrifiant ?

Beaucoup de responsables religieux, mais pas qu'eux, voient dans la sédation une manière de faire face à la souffrance rebelle lorsqu'elle atteint cette intensité. Si les médicaments les plus puissants n'ont plus d'effet, il serait alors « légitime » d'emprunter ce chemin-là. N'est-ce pas plus complexe, y compris sur le plan éthique ?

Sans entrer dans une technicité excessive et en m'appuyant sur le témoignage de médecins engagés en première ligne dans cette guerre contre la grande souffrance, je vais m'autoriser quelques précisions de vocabulaire, car la sédation peut être légère ou profonde, continue ou intermittente, selon que le patient se trouve en état d'être plus ou moins réveillé par la stimulation. Je ne parle donc pas ici de cette pratique largement répandue pour tous les actes un peu invasifs ou douloureux, ni même de cette sédation profonde et continue, si fréquente en soins intensifs et en réanimation, que l'on utilise pour soigner des patients gravement atteints mais qui ne sont pas en fin de vie[15]. Je veux évoquer, c'est très différent, la sédation palliative appelée aussi « sédation de fin de vie », qu'on ne peut administrer qu'à un patient dont l'espérance de vie ne dépasse pas un temps très limité et qui se trouve clairement en phase terminale[16]. Il n'y aura pas de retour en arrière. On l'« endort » et on le rend « inconscient » jusqu'à son décès.

N'est-ce pas une décision grave ?

Que répondre à ceux qui parlent d'« euthanasie lente » ? Il y a « différence d'intention », soulignent plusieurs moralistes : on ne veut pas faire mourir même si on sait que ce traitement conduit à la mort ; l'intention est de soulager et la mort qui s'ensuit n'est qu'un effet secondaire… La mort, un « effet secondaire » ? Je n'arrive pas à rejoindre cette position-là, et pour une raison, je crois, déterminante : qu'il s'agisse d'euthanasie ou de sédation en phase terminale, par mon geste je me trouve engagé à « construire la mort de l'autre[17] ».

Corinne van Oost va m'en convaincre davantage encore. Confrontée en permanence à cette question limite, elle ose, comme médecin, et comme catholique, protester avec véhémence : « Arrêtons de décrire la sédation comme une bonne solution ! Il faut la voir pour ce qu'elle est : un moindre mal. » D'autant plus que, sous sédation, il se pourrait que l'angoisse continue. Alors, qui est soulagé ? Autrement dit, la sédation pose d'énormes interrogations. Tantôt elle va précipiter le décès tantôt elle gardera le patient endormi pendant huit à dix jours. Mais dans tous les cas, elle interrompt le cheminement et endort volontairement une part significative de son être-au-monde. À ce titre, est-elle vraiment une meilleure solution que l'euthanasie ? À quoi un ami moine me répond avec une de ces formules dont il a le secret : « Il y a une différence entre faire sa valise et s'en aller ou se dire au revoir sur le quai de la gare ! » L'image est forte et veut signaler l'importance du rapport au temps. Les plus proches ont parfois besoin de quelques jours pour mieux entrer dans la décision. Mais la sédation est-elle au service du patient ou de l'entourage ?

En France, depuis mars 2015, la loi des députés Jean Leonetti et Alain Claeys reconnaît le droit à la sédation en phase terminale. Concrètement, le patient va pouvoir demander qu'on lui administre cette sédation qui l'entraînera à ne jamais se réveiller. Il s'en ira, inconscient, en quelques jours, voire en quelques heures. On se trouve là, de toute évidence, devant une euthanasie en quelque sorte diluée, une euthanasie déguisée qui préfère se cacher sous le mot

« sédation », mais avec cette circonstance aggravante que le sens même de l'acte posé n'est ni honoré ni exposé à la parole. Or c'est pourtant là que réside la grandeur de l'humain, dans sa capacité à rendre compte de ses choix en se hissant gravement à la hauteur de l'enjeu. Et en osant une mise à jour explicite, un langage clair, indispensable pour qu'une équipe soignante, en son sein et dans son lien au patient et à son entourage, arrive à partager le sens d'une décision aussi importante. Il me semble que lors d'une euthanasie assumée en pleine lumière et vécue en équipe, où je reste à l'écoute du patient dans l'échange et la présence jusqu'au bout, je me sens et me trouve, finalement, bien plus en phase avec l'esprit des soins palliatifs.

À ce stade, et pour rejoindre le terrain qui est surtout le mien, je me pose une double question, philosophique et rituelle. Alors que par définition la démarche palliative vise à lutter contre la souffrance tout en maintenant la relation, on choisit, à travers la sédation, de supprimer un des deux termes. Ce n'est pas rien. Je sais bien qu'il y a là matière à débat et que la personne humaine n'est pas que relation. Elle garde du poids, de la densité, même en situation de coma. Il y a en moi une histoire, et cette histoire ne s'achève pas lorsque j'entre dans l'inconscience. D'ailleurs, quand j'approche quelqu'un dans cet état-là, je n'hésite pas à lui parler à l'oreille avec cette conviction que, peut-être, je le rejoins et qu'il m'entend. Mais il y a plus qu'une possible communication. À travers mon regard, par mon écoute, mon toucher, je « ressuscite » son histoire. Cette vieille femme qui est là, devant moi, inconsciente, comment ne pas me rappeler qu'elle a été jeune, qu'elle a fait l'amour, qu'elle a joué du piano, qu'elle a élevé seule son enfant… Et que moi je suis là « pour ne pas la réduire à l'instant de sa décrépitude », me dit Jean-Yves Quellec avec toute la force de son regard contemplatif. Donc, la question rituelle à forte connotation psychologique, la voici. Puisque calmer la souffrance par sédation entraîne automatiquement la rupture (visible en tout cas) de toute relation, comment, pour l'entourage et pour l'équipe soignante, vivre au mieux les heures et les jours qui vont suivre ? Ne faut-il pas alors, en toute logique, célébrer le départ par sédation comme on célèbre, si on le souhaite, le départ par euthanasie ? Les témoignages se multiplient, côté laïque et côté croyant, qui disent à quel point une cérémonie d'adieu avant l'euthanasie peut être sereine et offrir à ceux qui la vivent, au plan humaniste comme au plan religieux, une force et parfois une joie qui permettra à celui ou à celle qui s'en va comme à ceux qui restent, de franchir cette frontière douloureuse et intime en heureuse solidarité. Pourquoi n'en serait-il pas de même quand le choix s'est porté sur la sédation ?

S'il me fallait en quelques mots résumer l'enjeu éthique qu'entraîne la décision à prendre face à une souffrance irrépressible, je dirais avec François Damas que « décider d'une sédation en fin de vie est aussi grave qu'accepter une demande d'euthanasie[18] ». Voilà la complexité mais aussi la noblesse de la situation à laquelle on se trouve confronté : choisir entre deux gravités. Face à cet équilibre difficile entre « éthique de l'autonomie » et « éthique de la solidarité », pour reprendre les mots de Jean Leonetti, j'aime entendre le député-médecin répéter avec insistance que « l'éthique, ce n'est pas une personne qui sait, mais plusieurs personnes qui cherchent ». Si on pouvait déjà s'en convaincre, quelle avancée ! Oser nommer l'impasse et reconnaître que plusieurs réponses, respectables, ont avantage à dialoguer.

Il n'en reste pas moins que la pratique de l'euthanasie, même si elle émane du patient et dans le strict respect de la loi, là où elle existe, suppose la transgression d'un interdit majeur, exprimé dans la Bible au livre de l'Exode (20, 13), mais qui touche aux fondements mêmes d'une société, qu'elle soit croyante ou non : l'interdit du meurtre. Alors, à quelles conditions le franchissement de cette frontière peut-il être éthiquement acceptable ?

Je vais me permettre de suivre ici la remarquable réflexion que Dominique Jacquemin a consacrée à l'acte de transgresser. Ce collègue qui a su plaider avec justesse pour une « théologie de l'échec[19] » met en lumière quatre éléments appelés à fonder (à asseoir en tout cas) une éthique des conditions de la transgression[20].

Il souligne avant tout l'importance de nommer la dimension transgressive de l'acte d'euthanasie. Pas question de lénifier ou de se cacher, ni de se demander – c'est trop tôt – si l'acte est bon ou mauvais dans telle ou telle circonstance. D'abord reconnaître qu'en le posant on s'écarte « volontairement et en pleine conscience » d'un interdit fondateur qui touche à la totalité de notre personne. Qu'est-ce que cette transgression ouvre en nous ? Et en quoi ce passage vers l'« insoumission » interroge-t-il notre « identité morale » ? Car après avoir posé cet acte, je ne serai plus « tout à fait le même ».

Ensuite – j'aime beaucoup cela, car cette philosophie de vie m'accompagne depuis longtemps – il propose d'oser accueillir le tragique de l'existence. Mais bien sûr que la vie est tragique ! Le tragique ce n'est pas le malheur, ce n'est pas la catastrophe, c'est « ce qui résiste à la réconciliation », écrit André Comte-Sponville, le conflit « sans issue satisfaisante entre deux points de vue l'un et l'autre légitimes[21] ». Nous y sommes ! Face à une demande d'euthanasie, ne pas refuser le tragique de l'existence cela veut dire faire concession au réel tel qu'il s'impose à moi et être donc, peut-être, moralement obligé de dépasser la frontière entre le permis et le défendu. L'interdit du meurtre ne me permet pas de pratiquer l'euthanasie, mais l'appel au secours d'un frère ou d'une sœur en humanité me conduit quand même à poser l'acte en l'absence d'alternative valable.

Le troisième point me paraît déterminant pour qu'une solidarité relie les membres d'une unité palliative : relire la situation en équipe. « Nous ne sommes pas condamnés au mal, pas plus qu'au bien », écrit Dominique Jacquemin en citant Cornelius Castoriadis, parce que nous pouvons « revenir sur nous-mêmes (...), réfléchir sur nos actes, les reprendre, les corriger, les réparer »[22]. Ce n'est pas peu : nommer à plusieurs le chemin parcouru et le ressaisir en permanence.

Enfin, quatrième élément, une évidence sur papier qui ne l'est pas sur le terrain : refuser le débat manichéen. Nous valons mieux que nos oppositions stériles ! Cessons donc, sur des questions éthiques si tragiques, de nous laisser submerger par des positions idéologiques qui rabaissent et parfois court-circuitent l'échange. Osons faire advenir au contraire une parole à la hauteur des enjeux, ouverte, sensible, importante pour tous les acteurs concernés et indispensable à la qualité du débat en société.

Et pourtant... même quand l'écoute respectueuse et réciproque est au rendez-vous, même quand tout a été pesé, mesuré, délibéré et que, face à l'impasse, la conscience éclairée prend ses responsabilités, l'acte posé reste et restera toujours une souffrance. Je sais que, pour le patient, il peut être une délivrance, mais cet acte, je l'ai dit, n'engage pas que lui. C'est un acte relié qui implique le dialogue de deux libertés. Un acte, quand je l'ai posé, qui m'habite et qui m'accompagne. Désormais, je vais devoir vivre avec lui. S'intéresse-t-on assez aux « survivants », demande Pierre Scalliet, médecin et professeur aux cliniques universitaires de Louvain, aux soignants qui retournent à leur travail quotidien et doivent se préparer à la demande suivante avec la même bienveillance, en toute indépendance, en sachant accueillir totalement la dignité de l'autre, quitte à laisser, au besoin, la sienne propre à la porte de la chambre[23] ?

« Chaque euthanasie est véritablement le lieu de Gethsémani », témoigne de son côté Corinne van Oost, et ce geste nous blesse, « mais cela peut être juste de se laisser blesser »[24]. Et juste de grandir à travers la souffrance de cette blessure-là. Car il est important que malgré la transgression et à travers elle, l'acte posé fasse advenir quelque chose qui le dépasse.

Même dans la lumière de l'accompagnement, l'euthanasie est un combat de nuit. Comme Jacob au gué de Yabboq, je m'engage dans une lutte à l'issue incertaine et je me roule dans la poussière jusqu'au lever de l'aurore (Genèse 32, 23-31). Et quand je me redresse, vainqueur mais boiteux, ma robe est déchirée et j'ai changé de nom. Désormais, je vais devoir marcher, plus grand et plus vivant j'espère, mais blessé à la hanche…

III

Déposer la bure

L'apaisement

« On a tant besoin de douceur aux côtés de la mort. »

Claude Debussy

« Nu sur la terre nue »

François d'Assise, dit-on, s'est dénudé en public à trois reprises[1].

La première fois, en pleine ville, quand il dépose ses vêtements aux pieds de son père sous le regard ébahi de la foule qui les entoure. Thomas de Celano raconte que l'évêque d'Assise, bouleversé, recueillit François dans ses bras et le couvrit du manteau dont il était vêtu, le prenant ainsi sous sa protection. Et après l'avoir encouragé, « il l'embrassa avec des entrailles de charité ».

Désormais François combat « nu avec le nu », poursuit son hagiographe. Geste violent dans la douceur de son radicalisme, provocateur et sacré. François veut moins blesser que trouver dans ce dépouillement la force de partir. Car en renonçant aux vêtements somptueux qui faisaient la fierté de la maison paternelle, il s'arrache à une histoire pour en rejoindre une autre. Comme il arrive, pour répondre à une vocation, qu'on doive quitter sa terre, sa culture et même sa langue... pour mieux rejoindre, peut-être, son identité profonde :

> *Va pour toi*
> *sors de ton pays*
> *de tes origines*
> *de la maison de ton père*
> *vers le pays que je te ferai voir*
> (Genèse 12, 1).

La deuxième fois, François aurait prêché entièrement nu dans une église d'Assise. Même si les sources sont ici plus hésitantes, le chapitre XXXIV des *Actes du Bienheureux François* raconte l'« admirable et humble obéissance du frère Rufin » qui encourage à marcher dans cette direction. En fait, au départ, François ordonne « simplement » à ce petit frère si attachant d'aller prêcher au peuple « ce que le Très-Haut lui inspirerait ». Le pauvre Rufin proteste de son ignorance et de son peu d'éloquence et supplie à genoux : « Épargne-moi pareil supplice ! » Colère de François qui devant ce manque d'obéissance ordonne à Rufin non seulement de prêcher, mais de prêcher nu. Ce qu'il fait.

François mesure la dureté de son exigence. S'invectivant lui-même, il décide d'éprouver, jusque dans sa chair, ce qu'il vient de commander à un frère qu'il sait timide et fragile : lui aussi ira prêcher nu. On devine les rires et les sarcasmes des Assisiates, convaincus que les petits frères sont devenus fous. Mais François dit des choses si étonnantes sur la pauvreté et le dépouillement que celles et ceux qui l'écoutent se mettent à pleurer…

La troisième fois, le dévêtement de François n'est plus que douceur, même si le radicalisme du geste indique une plus grande rupture encore. À bout de forces, il demande qu'on le porte à La Portioncule, là où les souvenirs le rejoignent en foule, où il a reçu tant de novices, où il a coupé les beaux cheveux de Claire… On l'installe à l'infirmerie mais il réclame la cellule où il se tenait d'habitude, à quelques mètres de la chapelle, sous les arbres.

Alors qu'il va quitter ce monde, entouré de ses compagnons de toujours, Léon, Ange, Rufin, Élie, Masseo, Bernard…, si remplis d'affection pour ce frère qui a su les appeler au-delà d'eux-mêmes, « le François des jeunes années se réveille », écrit Julien Green[2], comme il arrive quelquefois dans nos propres histoires… Et de fait, de façon assez inattendue, François dit à ses compagnons : « Vous savez combien dame Jacomina de Settesoli me fut très fidèle et dévouée. Aussi, je crois que si vous l'informiez de mon état, ce serait pour elle une grande grâce et une consolation. » Il demande donc qu'on apporte de l'encre et du papier et se met à dicter : « À Madame Jacqueline, servante de Dieu, frère François, petit pauvre du Christ, salut et communion de l'Esprit Saint en notre Seigneur. Sache, très chère, que le Christ m'a révélé, par sa grâce, la fin de ma vie qui aura lieu sous peu. Aussi, si tu veux me trouver vivant, hâte-toi. Apporte avec toi de ce drap monastique couleur de cendre, comme celui que fabriquent les cisterciens dans les pays d'outre-mer, pour envelopper mon corps, et la cire nécessaire à ma sépulture. Et je te prie encore de m'apporter de ces mets que tu avais coutume de me donner lorsque j'étais malade à Rome[3]. » Ce fameux « mets » tant apprécié de François, fait d'amandes, de sucre, de miel et de quelques autres ingrédients encore, les Romains l'appellent *mostacciolo*, mais on peut dire aussi « frangipane », du nom de celle qui l'a inventé, puisque le titre complet de cette veuve appartenant à la grande noblesse romaine doit se lire Jacomina Frangipani de Settesoli, Jacqueline Frangipane des Sept-Soleils !

Au moment de désigner le frère qui va porter le message, on frappe à la porte : dame Jacqueline ! Habitée par le pressentiment que les jours de François étaient comptés, elle a quitté Rome précipitamment, accompagnée par ses deux fils. Le frère portier, tout affairé, vient trouver François et lui dit : « Que faisons-nous, père ? Lui permettons-nous de venir à toi ? » C'est qu'en effet, à l'intérieur du couvent, François lui-même a introduit une clôture qu'aucune femme ne peut franchir. Mais pour Jacqueline, pas question de respecter l'interdit ! De plus, dans l'appel intérieur qui l'a poussée à venir au plus vite, elle a entendu que son si cher François espérait encore recevoir un beau drap pour sa dernière tunique et des petits gâteaux de frangipane. Elle entre, Jacqueline, et se met à préparer ces gâteaux que François va à peine effleurer, pendant que les frères cousent la tunique dans laquelle il sera enseveli.

Dame Jacqueline est enterrée dans l'église inférieure de la basilique Saint-François, près de la tombe du Poverello. C'est magnifique. Elle n'est pas canonisée mais elle a été béatifiée. Comme me le glisse à l'oreille une clarisse admirative de Jacqueline, « ce serait une bien belle patronne de celles et ceux qui accompagnent les personnes en fin de vie ».

Reste une autre femme, la tant aimée Claire d'Assise. Malade elle-même, elle craint de mourir sans revoir son cher François. Il lui fait savoir qu'elle le reverra une dernière fois. Mais peut-être pas comme elle l'imaginait…

Quelques heures avant sa mort, François fait appeler tous les frères présents, y compris « frère Jacqueline » puisque c'est ainsi qu'il appelle sa bienfaitrice. Il veut leur offrir quelques paroles de consolation et leur rappeler aussi que le saint Évangile reste la source de tous les enseignements. Ils se prosternent devant lui et, sur la tête de chacun, il pose la main en signe d'affection et de bénédiction. Comme les frères versent des « ruisseaux de larmes », il ordonne qu'on lui apporte du pain. « Il le bénit, le rompit et en présenta à chacun une petite partie à manger », raconte son hagiographe – François était diacre, mais au moment de sa mort, de toute évidence, Thomas Celano a décidé de le faire prêtre ! Après cette consécration-communion, François, en toute extrémité, demande qu'on le dévête : « Vous me coucherez nu sur la terre nue, et vous m'y laisserez encore à mon dernier soupir (…) pour qu'à cette heure extrême où l'Ennemi peut encore se déchaîner, je sois capable de lutter nu à nu contre lui. » Pendant que les frères chantent le psaume « Voce mea », François s'éteint doucement à l'entrée de la nuit. Fidèle à sa demande, ils le laisseront « nu sur la terre nue » de sa cellule, le « temps nécessaire pour parcourir un mille à pas lents ».

Le matin du dimanche 4 octobre, revêtu du drap « couleur de cendre » apporté par Jacqueline, son corps est placé sur une civière pour le dernier voyage jusqu'à Assise. Mais on va s'arrêter à San Domiano, au couvent des clarisses. François l'avait promis à sa chère Claire, et le voilà ! Les sœurs ont été prévenues et ont même fait enlever la grille. On approche la civière de la clôture et les frères élèvent le corps à bout de bras. Claire et ses sœurs le contemplent en silence un long moment. « François a tenu parole, écrit Julien Green. Elles ne se lassent pas de le voir et de l'aimer, mais il faut qu'il s'en aille. Un dernier regard, la grille est remise en place. C'est fini[4]. »

Je garde le souvenir précis qu'au moment de mourir, mon père, qui s'appelait François, voulut aussi se dévêtir. Avec qui se battait-il ainsi en arrachant sa couverture et son drap de lit ? Expérience universelle du retour à la naissance, comme s'il fallait sortir de ce monde aussi nu qu'on y est entré. Peut-être François d'Assise était-il simplement secoué par cet élan vital qui cherche à se frayer passage sur un chemin où les vêtements encombrent ? Ce que je sais en tout cas, c'est que le dévêtement ne concerne pas que celui qui part. Moi aussi, je dus déposer la bure. Car le corps de l'aimé a beau reposer « nu sur la terre nue » puis être enveloppé dans un voile de lin fin… encore faut-il que je le mette au monde. C'est qu'il est entré en moi, ce corps-là, et il doit en sortir pour un ultime accouchement.

Mon long chemin d'accompagnement et de célébration me convainc qu'au moment où le corps vient de rendre son dernier souffle et où la bure reste seule, triste et abandonnée entre mes mains, quelques gestes concrets, très simples, vont aider au dévêtement de celles et ceux qui sont appelés à poursuivre la route dans la nudité de l'absence. Des gestes si quotidiens pour donner corps à la douceur et à l'apaisement.

« Voiler de soie et de velours »

Je n'ai jamais oublié cet appel en pleine nuit. L'infirmière de garde m'annonce au téléphone un terrible accident sur l'autoroute, à quelques kilomètres de chez moi. Un petit garçon vient d'arriver aux urgences, me dit-elle, mort au moment où l'ambulance rejoignait l'hôpital. « Nous venons de parler à la maman. Je voudrais que vous soyez là quand elle arrivera. » Le temps de rejoindre la clinique et me voilà avec le médecin, l'infirmière, les ambulanciers, près du petit bonhomme tellement marqué par le choc. « On ne peut pas le laisser voir comme ça », insiste l'infirmière qui décide d'intervenir tout de suite. Et pendant un long moment, avec douceur mais fermeté, je la vois remodeler le visage et le redessiner. Je n'en crois pas mes yeux car c'est une artiste qui travaille là, dans le brûlant des urgences, une infirmière-artiste totalement habitée par la création que lui inspire sa compassion. Au fil des gestes, le jour se lève sur la jeune figure qui s'apaise et retrouve un peu de calme et de beauté.

Cette scène délicate, j'y repense en célébrant l'anniversaire d'une unité palliative où il m'arrive d'intervenir quelquefois. Parole est donnée à tous les acteurs, soignants, éthiciens, philosophes, bénévoles, personnel d'entretien et, en fin de partition, à ceux qui prennent attention au devenir du corps. J'entends, à ce moment-là, les derniers accompagnants dire cette chose admirable : « La continuité du soin va jusqu'à la morgue. » Et ceci encore, qui me rejoint tellement : « C'est très beau, le lever du corps. » Témoignage bouleversant d'employés soucieux d'offrir aux familles en deuil un peu de beauté et d'apaisement en un lieu qui fait parfois si peur.

Un lever et un laver du corps qu'une amie infirmière pédiatrique associe à la naissance. Marie Friedel, qui accompagne les plus petits en soins palliatifs à domicile, m'a adressé un magnifique texte, « D'un accouchement à l'autre », où elle fait se rencontrer la naissance et la mort d'un enfant dans le très concret, à travers le bain funéraire. Entre la toilette du bonjour et celle de l'au revoir, quelle douceur dans le rapprochement. « La toilette funéraire, écrit-elle, est le lieu par excellence où l'on peut dire merci, honorer, rendre hommage à ce corps qui a parfois tant souffert, et qui garde des traces de son parcours de combattant. Là, les gestes du massage prodigué la veille vont refaire surface et se prolonger. Avec un savon d'agréable odeur, un lait d'huile et un parfum subtil, inviter les proches à asperger dans la générosité, en démesure, à l'image d'une tendresse et d'une tristesse démesurées. Embaumer ce corps, l'ennoblir, associer un père, un frère, une sœur, un filleul… et entendre un papa me dire : “C'est comme quand je l'ai lavé la première fois à la maternité…”[5]. »

Marie parle aussi du choix des vêtements, la première layette, un habit de fête, un vêtement de noces… en disant que c'est parfois la petite sœur qui va le choisir dans la garde-robe ou le tiroir et se sentir ainsi tout à fait associée. Ce choix du dernier vêtement, je l'ai beaucoup lu dans mon courrier. Juliette, par exemple, quand elle me confie : « Maman était très coquette. Elle m'avait parlé des vêtements. De ses vêtements. À qui les donner ? Et pour elle, pour sa dernière “apparition”, nous devions choisir. Le chemisier ciel peut-être ? Bleu nuage. Ce serait bien de partir en bleu moutonné… »

J'aime beaucoup la « dernière apparition ». Se montrer. S'exposer. Même quand on n'est plus là ! Avec le risque d'être mis en scène ? À quoi s'expose-t-on ? Je pense, depuis longtemps, que là où elle est possible, cette exposition est importante, que parfois le corps mort laisse passer la lumière, que quelque chose de grand se joue dans une chambre mortuaire, qu'une relation peut advenir entre le corps mort et les corps vivants. Et que cela peut faire grandir les plus petits, justement, et leur donner une chance de toucher au mystère. Ne surtout pas les éloigner mais leur permettre une approche tout en douceur. J'ai souvenir qu'un jour, parce que les jeunes parents hésitaient, j'ai pris dans mes bras leur petite fille de trois ans. Qu'est-ce qu'elle comprend déjà à son âge ! Et de lui demander à l'oreille : « On va voir grand-mère ? » Oui, bien sûr, elle voulait, mais son cœur battait car elle sentait bien que quelque chose d'inhabituel se passait. « Tu sais, grand-mère, quand on sera tout près d'elle, tu vas lui donner une caresse sur la joue, d'accord ? Elle sera un peu froide, tu verras, n'aie pas peur. On va faire cela tout doucement tous les deux. Et ne t'étonne pas : elle ne bougera pas, grand-mère, elle ne réagira pas. Mais ta caresse, elle va beaucoup l'aimer. » Qu'a-t-elle compris, l'enfant ? Rien ! Tout ! Comment savoir ? Je sais simplement qu'elle a fait le geste, qu'elle m'a regardé avec un grand sourire, qu'elle a voulu donner une deuxième caresse, une troisième, qu'on a quitté la chambre et qu'elle est allée jouer, comme si de rien n'était...

Et quand le corps n'est pas exposable ? Parce qu'il n'est pas serein. Parce qu'il n'est pas apaisé. Parce qu'on a juste envie de le cacher. Ou parce que le corps n'est plus le corps. Parce qu'il est brûlé, accidenté, éclaté, émietté, dispersé... Je crois qu'il faut quand même « exposer ». Exposer autrement. Exposer symboliquement. Parce que le corps est en nous. Pas seulement dans nos yeux, mais dans nos oreilles, dans nos mains, sur nos lèvres. L'exposer dans la mémoire vive. Il suffit de si peu. Un objet qui l'a touché, une cendre... Exposer une trace. Allumer une présence. Parfumer une séparation. Il y a beaucoup à inventer pour rendre hommage au corps qui n'est plus là tout entier.

Au moment du dernier adieu, on a aussi besoin de la douceur des mots. Le mot

« ensevelir » par exemple. « Il me semble toujours, confie Kundera, que le mot *ensevelir* enlève, miséricordieusement, à l'acte le plus effrayant, son côté affreusement matériel. C'est que le radical (*sevel*) ne m'évoque rien alors que la sonorité du mot me donne à rêver : sève – soie – Ève – Éveline – velours ; voiler de soie et de velours[6]. » Ainsi, depuis des décennies, j'ai plaisir – mais oui ! – à voir comment la nécrologie elle-même multiplie les chemins de traverse pour « voiler de soie et de velours » ses annonces, remerciements et souvenirs mortuaires. La souffrance, souvent, se cache sous le voile du stéréotype, mais il arrive aussi qu'elle tente de dire et parfois de crier l'impossible séparation, en appelant à son secours la parole poétique. Je pense à ce petit garçon mort à la naissance, et à ses jeunes parents qui trouvent encore la force d'exprimer leur foi dans ce raccourci saisissant : « Nous attendions Nicolas. C'est lui, à présent, qui nous attend. » Ou pour une petite Anaël disparue à l'âge de quatre mois : « Ce que la chenille appelle fin du monde, le maître l'appelle papillon. » Une autre famille n'hésite pas à confier l'écorchure de son cheminement à travers cette annonce délicate de vérité : « Nous t'avions imaginée autrement... L'amour demande beaucoup de patience. » De leur côté, les parents et la sœur de Stéphane, « à cause de la couleur des blés », évoquent le souvenir de leur petit prince dans les quelques mots d'une histoire qui, désormais, devient aussi un peu la nôtre : « Un champ de blé nous fera penser à tes cheveux. »

La soie et le velours des mots accompagnent à tout âge. Comme dans cette lettre intitulée *Mourir comme elle* où Tahar Ben Jelloun annonce à un fils parti au loin le décès de sa grand-mère. À un moment du récit, il lui raconte les premières heures qui ont suivi la mort : « On l'a lavée et parfumée à l'eau de rose et de jasmin. Elle aimait sa fraîcheur. On l'a enveloppée dans ce linceul qu'elle avait acheté il y a longtemps, peut-être avant que tu ne naisses. Elle le parfumait à chaque fête. C'est ce même linceul qu'elle envoya à La Mecque où il séjourna trois jours et trois nuits. Elle qui ne savait pas écrire avait dessiné sur ce drap des roses et des étoiles. Elle le gardait soigneusement au fond de sa valise. Tu te souviens ? Elle nous disait : “C'est dans la plus belle des robes que je désire arriver chez le Prophète.”[7] »

Quand tu t'en vas… c'est moi surtout qui ai besoin de voiler, de langer, moi qui demande un peu de soie et de velours, la plus belle des robes, le chemisier ciel… pour que ta mort s'ensevelisse en moi, que je la parfume de rose et de jasmin, et que je la garde un moment au fond de ma valise.

La portée d'Antoine

Ce corps caressé, voilé, parfumé, exposé pendant quelques heures, peut-être quelques jours, l'heure vient de le soulever et de le porter.

« Antoine, m'écrit Marie-Claire, je l'ai porté pendant neuf mois. Au long des années, nous l'avons porté en famille, et porté encore. Quel bonheur d'entendre son chant quand ses frères et sœurs le portaient joyeusement. » Cette portée-là me rappelle, quand j'enseignais à l'université, mon admiration pour des étudiants qui, une année durant, acceptaient d'accompagner l'un des leurs atteint d'un grave handicap. Ce n'était pas un petit engagement. Du lever au coucher, sortir l'ami du lit, le laver, l'habiller, lui donner à manger, le conduire aux cours et ainsi, de geste en geste, d'heure en heure, jusqu'à l'emmener au cinéma ou à une soirée festive, le déshabiller, le remettre au lit… et recommencer le lendemain. Ils devaient être huit pour faire face à de telles exigences, par tous les temps et, le plus souvent, dans la bonne humeur. Et comme les jours étaient comptés, il est arrivé que l'ami, il faille le porter de sa chambre d'étudiant ou de sa maison familiale jusqu'à sa dernière demeure. Voir ces jeunes soulever le corps d'un des leurs pour la dernière fois me déchirait, mais d'un déchirement d'accouchement, tant cette ultime portée rassemblait toutes les autres et soulevait l'avenir de la bonté.

Chaque soir, au journal télévisé, j'ai le sentiment de vivre un long portement d'actualité à n'en plus finir. Bagdad, par exemple, le 28 mars 2003 – mais ce pourrait être 2013 ou 2023. Un missile explose à la tombée du jour au milieu d'un marché, dans le quartier d'Al-Shuala. Cinquante-deux morts, en une seconde. Un reporter-photographe est là, qui photographie. Bruno Stevens photographie la mort de tous les jours. Il photographie la vie. Il photographie la faim. Le rire aussi. Et la mosquée. Et le marché, le marché d'Al-Shuala ce jour-là. Il photographie les larmes des hommes. Il photographie le cortège qui ramène en famille le corps d'une des victimes. Je vois le visage qui ouvre la marche. Je vois surtout des bras, des mains, et le pignon d'un cercueil[8].

Porter la mort… La porter sur son épaule, comme ce papa en Amérique latine. Je l'ai vu déposer son bébé dans une boîte en carton et prendre le métro pour aller au cimetière. Comme elle pesait, cette mort si légère, comme elle m'écrasait. La porter haut, au milieu de la foule, comme une hostie à la procession du Saint-Sacrement. Ou la porter bas. L'arracher au sol, car elle est si lourde, et tanguer parfois, le temps de trouver son pas.

Et si la mort ne se laisse pas porter ? Si elle refuse de quitter la maison ?… Dans les campagnes roumaines, à l'ombre des Carpates, la coutume de la « douce tromperie » pèse encore de tout son poids à l'heure de la levée du corps. Au moment de partir, la famille se divise en deux, symboliquement, de part et d'autre du seuil. Les premiers cherchent à retenir à l'intérieur le cercueil que les seconds veulent emmener vers l'extérieur. Et la scène se répète trois fois. « Nous te tirons à nous, ne nous tire pas à toi », répètent ceux du dehors… jusqu'à ce que la mort accepte de se laisser porter sur la route du cimetière[9].

Dans ma position de célébrant, j'ai souvent regardé les porteurs. Du moins s'ils portent encore. Car souvent ils se contentent de pousser le cercueil déposé sur un chariot à roulettes. Il arrive même que la dépouille nous vienne sur des rails, comme jadis, à la mine, le wagonnet rempli de charbon… Dans les gares aussi les porteurs disparaissent, et dans les aéroports. Il ne faut pas que le mort pèse. Et s'il était bon de laisser peser la mort ? De la laisser peser de tout son poids d'humanité ? Pas pour qu'elle écrase, mais pour donner une chance à la légèreté.

Cette légèreté, je l'ai vécue lors du dernier adieu à Salomé, une jeune femme d'une vingtaine d'années tellement amoureuse d'un cheval. Ses proches avaient déposé, dans l'allée centrale, devant le chœur de l'église, une litière de belle paille blonde. Je n'oublierai pas de sitôt le geste des jeunes porteurs qui ont délicatement déposé le corps de leur amie sur la paille. En mémoire, bien sûr, de la passion de Salomé pour les chevaux. Mais durant toute la célébration, je voyais aussi un enfant reposant sur la paille de la crèche… Et quand à la fin de la cérémonie les amis ont soulevé le cercueil pour le porter plus loin, je me suis incliné devant cette paille si lumineuse et si chaude au toucher.

Qu'est-ce que je lève quand je lève ton corps ?

À Bagdad, des hommes effondrés levaient très haut un corps calciné. Ils soulevaient une brûlure. Ils élevaient une protestation. Ils rendaient grâce dans la disgrâce. Ceci est ton corps ! Ton corps unique. Ceci est ton corps non identifié. Et qu'importe la religion. Ou l'absence de religion. Ceci est quand même ton corps et je le présente à l'adoration.

Qu'est-ce que je soulève quand je soulève ton cercueil ?

Je soulève bien plus que ton cercueil. Je soulève ton histoire, mon histoire et, plus encore que la mienne, l'histoire de l'humanité. Un tout petit bout de soulèvement qui rejoint tous les soulèvements de ce jour-là. A-t-on déjà compté les corps soulevés en une journée à travers le monde ?

Les frères et sœurs d'Antoine remontent la travée centrale. Ce petit bout d'homme qu'ils ont porté si souvent, porté à table, porté au lit… ils le portent une dernière fois. « Mon joug est doux et mon fardeau léger » (Matthieu 11, 30). Ils le portent comme un flocon de rire qu'ils déposent délicatement sur un sol mouillé de chansons. Petit frère musique, entends-tu comme les notes t'appellent ? Antoine a rejoint sa portée.

« Doucement, messieurs les fossoyeurs »

« Et maintenant que chaque pelletée
vous rende à la terre promise. »

Gilles Baudry[10]

« Allez bien doucement, messieurs les fossoyeurs », demandait Saint-Pol Roux dans *Pour dire aux funérailles des poètes*[11]. Oui, bien doucement. Et pas que pour les poètes, pour chacun, pour Antoine, pour moi aussi, un jour... Allez bien doucement pour déposer ce manteau d'argile sur le cercueil.

Quand je jette une pelletée de jardin au fond du trou, je fais un sentier pour le mort, explique une tradition populaire, pour qu'il ne perde pas le chemin de l'au-delà. Mais je fais aussi un sentier en moi. Une pelletée de mémoire pour que je ne me perde pas. Une motte d'émotion quand le bruit de la terre résonne si loin à l'intérieur. Reprendre terre, moi aussi. Mais il faut partir maintenant, ne pas regarder jusqu'au bout. Je vous rends la pelle, messieurs, allez-y doucement.

J'ai toujours aimé ce travail qui donne sépulture comme on donne le jour. Et qui veille sur le sommeil des disparus. Aussi, chaque fois qu'un fossoyeur tire sa révérence, rarement remplacé dans une société trop pressée d'enterrer ses morts, c'est la lenteur elle-même qui en prend un coup, et la douceur. Des fossoyeurs que j'ai parfois plaisir à saluer avant l'office et que je connais mieux encore par les travaux de mes étudiants. Car rien de tel, pour former au journalisme de terrain, que d'accompagner un fossoyeur durant quelques jours… Et si par bonheur il accepte de remuer sa propre terre intérieure, on comprend qu'il en a jeté, des pelletées d'encouragement.

Dieu ne voulait pas que Moïse reste sans sépulture. Quel épisode extraordinaire que celui-là, si peu traduit dans l'audace de sa vérité charnelle originelle. Il est écrit, tout à la fin du livre du Deutéronome : « Moïse, le serviteur du Seigneur, mourut en terre de Moab sur la bouche du Seigneur, et il l'enterra dans la vallée, en terre de Moab, en face de Beth Peor.

Personne n'a découvert sa sépulture jusqu'à ce jour » (Deutéronome 34, 5-6).

Moïse est donc mort, j'ai bien lu, « sur la bouche du Seigneur ». Quelle chose inouïe ! Tellement inaudible que la plupart des traductions proposent pudiquement : « selon l'ordre du Seigneur ». Allons donc, le Seigneur allait lui ordonner de mourir ? Ou alors, plus vraisemblable : « selon sa déclaration », « comme il l'avait annoncé ». Mais cela ne me satisfait qu'à moitié. Je propose, avec quelques interprètes, de garder « sur la bouche », suivant en cela une tradition rabbinique solidement établie qui pense que Moïse, comme son frère Aaron, sont morts « dans un baiser de Dieu » (Nombres 33, 38). Dieu a recueilli le dernier souffle de son serviteur dans un baiser, pensait Maïmonide, afin que celui-ci échappe à la mort définitive. Même si l'expression hébraïque un peu floue prête à interprétation, n'est-il pas magnifique, au moment de la mort, de découvrir une telle proximité entre Dieu et son serviteur ? Qui n'aimerait pas mourir sur la bouche de l'être aimé !

L'interprétation sensuelle se trouve confirmée par le verbe qui suit au début du verset 6 : « il l'enterra ». Dieu lui-même se fait fossoyeur. Il ose toucher un mort en bravant l'interdit d'impureté. Est-ce que je rêve ? Mais non : « Il l'enterra ! C'est tout ! » s'exclame le pasteur Daniel Bourguet[12]. Et comme on n'a pas retrouvé la tombe jusqu'à ce jour, on peut en conclure que Dieu était seul à mettre son ami en terre. Les questions se bousculent : qui donc a préparé les aromates ? Qui donc a aménagé le tombeau ? Qui donc y a étendu Moïse ? Qui donc a entonné sur lui les lamentations funèbres ? Dieu, « qui prend soin d'écarter tout témoin de ce grand moment d'intimité[13] ».

Plus près de nous, aux temps bibliques d'après l'Exil, vers 200 avant Jésus-Christ, un autre ami de Dieu, Tobit, le préféré de mes fossoyeurs, se précipite à la nuit tombante pour enterrer les morts. Clandestinement, car le roi n'aime pas ça du tout. J'ai toujours été frappé par les quatre règles qui dictent la conduite de Tobit et qu'on retrouve en partie à la fin de l'Évangile, dans l'épisode du Jugement dernier : faire l'aumône à ses frères, donner du pain aux affamés, vêtir ceux qui sont nus et, surtout, enterrer les morts. Rien n'est pire, toute la tradition biblique en témoigne, que d'être abandonné sans sépulture. Enterrer les morts, qu'ils soient proches parents ou simples coreligionnaires, représente un devoir sacré que Tobit va pousser loin. Tout le livre qui porte son nom en témoigne dès le premier chapitre : « Si je voyais le cadavre d'un de mes compatriotes jeté derrière le rempart de Ninive, je l'enterrais » (Tobit 1, 17).

Un soir, l'épisode en dit long et donne le ton de ce récit exceptionnel, Tobit se trouve à table pour célébrer la fête des Semaines. Anna, son épouse, a préparé un excellent dîner. Les plats recherchés arrivent en quantité quand il dit à son jeune fils Tobias : « Va, mon enfant, tâche de trouver parmi nos frères déportés à Ninive quelque pauvre qui se souvient du Seigneur de tout son cœur, amène-le pour partager mon repas : je vais donc attendre jusqu'à ce que tu reviennes » (Tobit 2, 2). Un peu plus tard, le garçon est de retour, seul. « "Père, dit-il, il y a quelqu'un de notre nation qui a été assassiné, on l'a jeté sur la grand-place, et il y est encore, étranglé." Je me précipitai, confie alors Tobit, en laissant mon dîner avant d'y avoir touché, pour enlever l'homme de la place, et je le déposai dans une des dépendances en attendant le coucher du soleil pour l'enterrer. Rentré chez moi, je pris un bain et je mangeai mon pain dans le deuil. (…) Et je me mis à pleurer. Puis quand le soleil fut couché, je partis, je creusai une fosse et je l'enterrai » (Tobit 2, 3-5, 7). Notre fossoyeur clandestin espérait échapper aux regards indiscrets mais, hélas, les voisins ont tout vu et se moquent de lui en disant : « Il n'a plus peur ! On l'a déjà recherché pour le mettre à mort à cause de ce genre d'affaire, et il s'est enfui ; et de nouveau, le voici qui enterre les morts » (Tobit 2, 8).

Et s'il n'y a plus de terre ? Si on me l'a enlevée ? Si on m'en a exclu ? Je crois avoir mieux senti encore les fibres intimes de la laïcité quand un ami m'a raconté que dans sa région natale on était exclu de cimetière si, par malheur, on s'était suicidé. Pas seulement exclu de la terre spirituelle, de la terre municipale aussi. Même une promesse profane était refusée. Pas étonnant qu'aujourd'hui encore, en partageant le pain et le vin, les vieux ne cessent de rappeler cette insupportable blessure de la sépulture.

Et quand je suis jeté dans un sac, à la hâte, ramassé par une pelle mécanique, enfoui dans une fosse commune ou laissé à l'abandon sur le champ de bataille de l'actualité ? Ou quand je disparais en mer ou dans une crevasse et que mon corps n'est pas retrouvé ? Dit-on assez la souffrance de cette double absence ? La blessure de ne pas soigner le corps mort ? Pas une cendre. Pas une trace. Peut-on honorer un corps sans adresse ? Il faut inventer. Créer des rites. Et venir parfois en pèlerinage sur cette terre de la disparition non identifiée. Y jeter quelques graines, même dans la mer, et voir fleurir les algues, les bleuets ou les étoiles de neige de nos disparus.

Doucement, messieurs les fossoyeurs, doucement. Parce que vous ne déposez pas qu'un cadavre dans l'argile du cimetière. Vous déposez un frère, une maman, une amie, un amant. Et toutes ses vertus. Et tous ses péchés. Vous déposez une foule, « car si petit qu'il soit de la taille d'un homme, ce meuble de silence (…) renferme et rassemble en son centre plus de personnages et d'images qu'un cirque, un temple, un palais, un forum[14]… » Vous déposez une douleur aussi, et en la déposant, cette douleur-là, vous déposez un peu de la douleur du monde. Doucement. Ça prend du temps, un nouvel homme. Comme un nouveau vin. Pour qu'il vienne, il faut s'abaisser. S'abaisser tellement que la terre se transsubstantie. Ceci est mon corps, mon corps pourrissant qui est aussi mon corps nourrissant. Doucement, messieurs. Et que chacune de vos pelletées me rende à ma terre promise.

Les cendres de Ninon

Il arrive que la terre promise soit en feu. Pas nécessairement un grand feu. Pas besoin de la flamme rugissante d'une machine à brûler pour que le corps s'émiette en prenant son temps. Il suffit d'un feu doux. Ainsi, en ce temps-là, on « pliait » le feu au bout de la veillée comme on plie une nappe à la fin du repas avant de la laisser se reposer dans le tiroir où elle dormira jusqu'au lendemain. Le feu aussi se reposait. Avec la pelle, on couvrait d'un petit tas de cendres les braises rougeoyantes, jusqu'au moment où tout semblait éteint. Au matin, le premier levé écartait les cendres avec le pique-feu. Les braises réapparaissaient, bien vivantes. Il suffisait d'apporter du petit bois et de souffler : le feu surgissait et l'âtre retrouvait son âme[15].

J'ai rêvé qu'on pouvait plier le feu de la crémation : après avoir veillé le défunt, recouvrir ses braises rougeoyantes et, le matin, écarter les cendres avec le pique-feu... Je sais, il faudrait y mettre le temps, aménager les maisons funéraires, récolter suffisamment de petit bois et repenser la rentabilité... Mais quel buisson ardent ! De cette ardente lenteur qu'on croise encore en Inde, quand les proches tiennent les cordons du bûcher jusqu'à ce qu'ils s'enflamment. Je pensais aussi, dans mon rêve, à la couleur du feu que j'alimentais avec des ceps de vigne. Et comme un maître verrier quand il invite la déclinaison de ses tonalités au bal du soleil, j'avais plaisir à faire danser les rouges et les oranges avec les bleus les plus chauds. De quel cépage provenaient mes chers disparus ? Étaient-ils plutôt cabernet, grenache, sémillon... ? Et de quelles couleurs brûlaient-ils ?

En écartant les cendres du courrier reçu, j'ai vu brûler bien des histoires de dispersion.

Cendres des mers mêlées de sel et d'écume. Quel voilier blanc les pousse au large pour quelle traversée ?

Cendres des rivières et des lacs entraînées en douceur et parfois en rudesse sur le chemin de leur sépulture ambulante.

Cendres des déserts blonds que de belles amazones emportent au galop à travers les sables.

Cendres des montagnes qui viennent buter, parfois, contre les rochers, ou préfèrent se cacher sous la neige.

Cendres des herbes et des jardins semées à deux pas, sur la pelouse ou dans le sous-bois, dans les champs de blé et même au bord de la route. Prennent-elles alors le goût des myrtilles et la couleur des coquelicots ?

Toutes ces cendres cousines écrivent le même poème sous la dictée du vent. Cendres-hirondelles et cendres-papillons ou cendres-cerfs-volants, comme les graines arrivées à maturité, elles connaissent la beauté de la semaison.

« Semaison : Dispersion naturelle des graines d'une plante » (Littré).

Dans *La Semaison*, le poète Philippe Jaccottet, si touché par la blessure des arbres et la timidité des oiseaux, regarde la beauté comme une graine livrée aux vents. Elle ne fait pas de bruit. Elle se perd souvent. « Légère, dit-il, frêle, presque invisible... exposée, abandonnée... elle persiste à fleurir, au hasard, ici, là, nourrie par l'ombre, par la terre funèbre, accueillie par la profondeur[16]. » Je regarde la beauté des cendres de nos en-allés... Beauté de leur éparpillement. Feux follets virevoltant dans notre mémoire, ont-ils encore souvenir de la brûlure qui les consumait ? Poussière de vie qu'un geste de semeur a lancée dans le paysage, ils s'égarent quelquefois, reviennent peut-être vers nous si la brise en décide ainsi, et se posent en douceur au moment de rejoindre la terre. Dispersion naturelle de nos disparus. Et voilà qu'une fleur qui ne s'était pas annoncée s'ouvre en silence dans notre jardin.

Cette beauté-là, nous la célébrons chaque année dans mon prieuré au jour du mercredi des Cendres. L'occasion d'évoquer, dans la liturgie et dans l'amitié, ces lointains et ces proches avec qui nous avons fait un bout de chemin. Le moment, bien sûr, de relire le fameux verset de la Genèse : « Oui, tu es poussière, et tu retourneras en poussière » (3, 19). Au fil du temps, que de poètes nous ont aidés à le réinterroger, ce texte-là ! Corinne Hoex, par exemple, qui dans un magnifique recueil sobrement intitulé *Cendres* choisit l'extrême dépouillement du poème à l'heure du dévêtement suprême :

Depuis ton lit
malade
vingt fois tu demandais
où en était la neige.

Je les ai vus.
Ils t'ont cassé les bras
comme des branches sèches.
J'ai entendu
les craquements.
Tes grands bras rompus
qu'ils ont pris
pour le feu.

Le feu
t'a traversé.
Te voilà cette poussière
éparse.
Des cendres
pas même ensemble
qui à chaque bourrasque
meurent un peu plus loin.

Je pourrais
ramasser
une poignée de toi[17].

Ces cendres de neige et de feu, lors de ce Mercredi où l'Évangile appelle à quitter les apparences, d'habitude on en marque le front. C'est une désignation. Comme jadis, au front des portes de l'Égypte, quand tout un peuple attendait sa délivrance. Mais on peut aussi les laisser couler dans la main. Alors, en rejoignant ma place, je contemple ma fragilité. Les garder un moment dans le creux avant de les disperser. Une marque va rester, une trace qui, un peu plus tard, recevra peut-être la poussière du pain.

Mais pendant que dans mon église je célèbre les cendres, quelque part dans le monde, sur les champs de bataille de maintenant, il arrive que les cendres se soulèvent et protestent... *La Remontée des cendres*, ce grand, cet immense poème de Tahar Ben Jelloun, m'accompagne depuis le jour de sa naissance, me bouscule et vient me gifler en plein journal télévisé. Ces corps anonymes, calcinés, entrevus l'instant d'une image, le poète veut leur redonner un nom et les inscrire sur la stèle de la mémoire. Parler pour les ensevelis, les écorchés, les pendus, les brûlés... c'est aussi le rôle de la poésie. « Sans haine, précise Tahar Ben Jelloun, avec dignité ».

J'ai toujours accordé grande importance à la dispersion des cendres. À une condition : ne rien précipiter. Pourquoi « toujours cette hâte qui règne au cœur des citadins ? demande Sylvie Germain. On brûle les morts, on leur impose cette ultime violence sans leur laisser le temps de se transfondre dans la terre. On précipite la disparition. On abat les maisons, les vestiges, on engloutit les paysages, on incinère les corps dont la vie vient à peine de se retirer. On court, le souffle court, de plus en plus court, dans un espace toujours plus restreint[18] ». Et pourquoi disperser aussi mal, de façon si caricaturale parfois, quasi administrative ? Apprendre à disperser de façon poétique, est-ce trop demander ? C'est que ce geste est bien plus qu'un geste matériel. C'est à l'intérieur de nous-mêmes que nous dispersons les cendres de nos en-allés.

Peu de temps après avoir célébré le dernier adieu à Ninon, l'épouse du professeur de Duve dont j'ai raconté l'histoire plus avant, celui-ci m'appelle et me propose, en souvenir, de choisir parmi les œuvres de sa chère compagne un tableau qui me ferait plaisir. Nous montons à l'atelier et, très vite, je jette mon dévolu sur *Le Jardin* qu'elle a peint en 1996. Ce jardin où nous avons eu le bonheur d'émietter nos échanges fraternels. « C'est un magnifique choix », me dit Christian, et je vois deux larmes glisser sur ses joues. « Oui, regarde bien ce tableau, ces soleils, ces iris… c'est là que nous avons dispersé les cendres de Ninon. Et tu vas les emporter chez toi… »

Christian de Duve est mort à son tour. Et ses cendres ont été dispersées dans le même jardin. Viendront-elles aussi chez moi ? Je ne sais qu'une chose : elles se sont enlacées à celles de Ninon. Alors, comment ne rejoindraient-elles pas sa peinture ?

Le petit cimetière dans la prairie

Pour arriver au cimetière où, un jour, je serai déposé, je traverse le pays de l'enfance, Seny, Béemont, Pair, Bende, Jeneret... jusqu'à un chemin agricole qui, à un moment, s'enfonce dans un bois plutôt rassurant. Je reconnais encore l'abri des chasseurs, pas loin de la route. Parfois, je préfère passer par Warzée, pour éviter les nids-de-poule, et de toute façon, une fois dépassé Bende, l'émotion des deux derniers kilomètres reste vivace, quelle que soit la saison : de grands prés vallonnés bordés de vieux arbres avec parfois, au loin, si le temps le permet, un grand paysage bleu qui m'absorbe à n'en plus finir. Et me voilà au cimetière. À choisir, je préfère l'automne. Pas besoin de courir au Québec à l'heure de l'été indien. Entre Bende et Jeneret, parfois jusqu'au 1er novembre, je traverse aussi mes petites Laurentides. Il faut dire qu'à deux reprises, j'ai suivi ce chemin-là derrière un corbillard, au moment d'enterrer mes parents. Du coup, quand je reviens à la Toussaint pour honorer mes morts, même la brume ou la pluie me font douce compagnie. Et si, une fois sur deux, le soleil me donne rendez-vous, il pousse la délicatesse à descendre si bas qu'il me prend par la main jusqu'à l'entrée du village.

La Toussaint à Jeneret, ce n'est pas pour moi un jour comme les autres. Depuis plus de trente ans, j'y célèbre la commémoration des défunts. Je sais bien, il ne faut pas confondre jour des vivants et jour des morts. Mais j'aime que les fêtes se touchent et jettent un pont l'une vers l'autre, entre la grand-messe du matin et l'office de l'après-midi, « deux lumières qui ne font qu'un seul feu[19] ».

Au début, je n'aimais pas trop l'interminable nomenclature des chers disparus. Les fameuses « recommandations » pour lesquelles, dans les jours d'avant, il fallait aller s'inscrire chez le curé – comme si Dieu ne gardait mémoire que des recommandés ! Mais au fil des années, mon regard a changé. Et pas seulement parce que je me rapprochais moi-même de la recommandation ! À cause de l'assemblée, en voyant devant moi un petit peuple aux couleurs d'automne, toutes croyances confondues, du rouge cuivré à l'or jaune et à l'orange brûlé, et si fidèle au rendez-vous de la mémoire. Tous sont d'abord là, je le sais, pour m'entendre feuilleter l'album de famille. Ça prend un peu de temps puisque l'usage veut qu'on remonte jusqu'à celles et ceux dont quelqu'un se souvient encore. Et pour les curés jusqu'à la fondation de la paroisse ! Mais il reste possible de changer d'intonation, donner du rythme, apporter une petite touche de couleur pour permettre à chacun de se laisser bercer par l'égrènement des noms qui rappellent souvent des souvenirs de famille. Et se dire surtout, ce jour-là, qu'il fasse beau ou nuageux, que le plafond soit haut, la brume au sol ou la visibilité réduite à moins de cent mètres, se dire que même si les convoyeurs attendent, les noms des fidèles trépassés rejoindront certainement le colombier céleste.

Reste à traverser le village pour aller bénir les tombes en fin de cérémonie. Une procession à la bonne franquette où les participants, par petites grappes, se racontent les dernières nouvelles de la vie qui va, avant de réciter « Pater » et « Ave » en bordure de concession familiale. La dernière fois, nous avons été témoins d'une coopération plutôt inattendue, quand les belles laitières d'un fermier voisin ont voulu se mêler à la liturgie. Je dois préciser que pour des raisons d'envahissement intempestif, il avait fallu se résigner à couper les cyprès. De vigoureuses racines, tellement désireuses sans doute de parler aux morts ou, qui sait, de les faire sortir des tombeaux, avaient réussi à soulever les pierres. Du coup, le petit cimetière, si protégé jadis des regards indiscrets, se trouvait tout ému et presque tout nu au milieu de la prairie. Il n'en fallait pas plus pour que la bovine chorale d'à côté se précipite à l'arrivée du cortège : de belles têtes de curiosité au-dessus de la clôture. Et sans discrimination religieuse puisque les bures des choristes appartenaient à plusieurs congrégations. Qu'elles soient blanches, noires ou rousses, les gentilles interprètes n'avaient qu'un souci : accompagner mes bénédictions tombales d'une basse continue de derrière les cimetières.

Alors oui, je l'aime bien, mon petit cimetière dans la prairie. Et pas seulement ce jour-là. Et pas uniquement lui. Celui de mon prieuré aussi. Et d'autres encore où je vais me promener au gré de mes humeurs badines et vagabondes. Car j'y rêve, dans le cimetière, j'y parle, j'y ris, j'y philosophe, j'y analyse… Il m'arrive même d'y prier et de m'y refaire une santé ! Pour tout dire, je m'y donne rendez-vous. Une vraie conversation. Un entretien réparateur. Parfois, je m'arrête longuement devant un nom, une date. Il n'est pas rare qu'une photo m'accompagne un moment. Quel beau visage ! Et pas une ride. Je ramasse une fleur et la dépose au pied de ma gisante inconnue.

Et si je viens souvent auprès de ton « ci-gît », qu'importe si tu n'es pas où la pierre le dit[20].

Je viens gratter la terre
Et ramasser les mots,
Ôter une mauvaise herbe,
Te donner un peu d'eau.

Je viens pour la vieille tour
Je viens pour les oiseaux
Pour faire chanter la grille
Auprès de ton berceau.

Qu'importe si tu n'es pas
Où la pierre le dit.

Je viens pour le poème.
Je viens pour un merci.
J'ai déjà tant reçu
Auprès de ton « ci-gît ».

IV

Revêtir la coule

Le passage

« Au lieu de prédire le passé
on devrait se souvenir du futur. »

Jean Grosjean

« Dis, parrain, qu'est-ce qu'elle va devenir ? »

Plusieurs fois par jour, avant de célébrer l'office liturgique, moines et moniales endossent la coule, un vêtement blanc à capuchon et longues manches qu'ils et elles passent au-dessus de leur tenue habituelle. Un peu comme si pour chanter les psaumes et relire la Bible à longueur d'année, ce survêtement permettait d'entrer dans une autre durée. Voir moines et moniales s'affairer dans tous les coins de l'abbaye à cueillir, brasser, broder, cultiver, écrire, fabriquer du parfum ou du chocolat... et puis soudain, à l'appel de la cloche, en quelques minutes, les découvrir en coule à l'église, c'est un peu assister, en direct, au passage symbolique de l'« ici-bas » à l'« au-delà ».

J'ai toujours pensé qu'il ne fallait pas abuser du vêtement ecclésiastique ou religieux. Ni confondre les plans. L'habit ne fait pas le moine, ni le prêtre. Par contre, il en va autrement du vêtement liturgique qui indique, lui, le passage à une autre dimension. Cela ne veut pas dire que le profane, les joies et les soucis du monde n'ont pas place dans la liturgie. Ni que le profane, dans sa profanité quotidienne, ne peut être sacré. Il ne faut pas nécessairement changer de lieu et de vêtement pour passer d'un monde à un autre. Toutefois, le recul de la célébration aide à mieux empoigner le profane pour le rendre sacré. Revêtir la coule permet ainsi au moine et à la moniale, mais au prêtre aussi, en aube et en étole, de saisir ce profane à pleines mains et de lui faire franchir une frontière. C'est un vêtement baptismal en quelque sorte. Entrer dans la coule et en sortir, c'est comme plonger dans le Jourdain et se relever. Le silence, le chant, la musique, la poésie du texte biblique, mais aussi la coule, contribuent beaucoup à cette traversée.

La coule que le moine ou la moniale reçoit le jour de sa profession solennelle, et qui marque son identité monastique, va aussi l'habiller une dernière fois le jour de sa mort car, en principe, le corps est déposé à même la terre, sans cercueil, dans sa coule. « C'est étonnant, me confie Bénédicte, une trappistine, nos enterrements ressemblent aux enterrements des torahs trop usées à force d'être lues… Peut-être, en revêtant la coule, mettons-nous le cap sur un ailleurs, entraînant dans notre sillage l'humanité avec laquelle nous sommes embarqués. »

Très jeune, déjà, le second de mes filleuls, François-Xavier, s'intéressait aux vêtements monastiques, marqué peut-être par l'histoire d'un cousin trappiste. Et du coup, les questions spirituelles l'ont préoccupé très tôt. J'ai pu le mesurer de manière un peu inattendue lors d'un enterrement.

Ce jour-là, en bordure des Ardennes belges, le petit cimetière dans la prairie si cher à mon cœur accueillait une de mes vieilles tantes, celle que toute la famille appelait affectueusement « tante Laurence », la tante célibataire qui avait accompagné ses parents jusqu'au bout, comme souvent en ce temps-là. Pourtant, les soupirants n'avaient pas manqué. Elle était belle et très courtisée mais s'était « sacrifiée », disait-on en catimini, avec un brin d'admiration interrogative. Une vraie maîtresse de maison, tellement heureuse de recevoir chaque année frères et sœurs, neveux et nièces, pour un déjeuner qui justifiait la traversée du pays toutes affaires cessantes. Car pour déguster le « rôti tante Laurence » qui fondait sur la langue, pas besoin de couteau : elle l'avait arrosé pendant quarante-huit heures à feu doux.

Au moment d'arriver au cimetière, je m'en souviens très bien, François-Xavier m'a rejoint au bord de la tombe et s'est accroché à mon aube. Il a regardé descendre le cercueil et m'a demandé, d'un coup : « Dis, parrain, qu'est-ce qu'elle va devenir ? » J'avais beau avoir accompagné beaucoup de personnes jusqu'à leur dernière demeure, cette question directe, devant les gens, me déstabilisait un peu. Je crois que je me suis penché pour être à sa hauteur. Alors, en le tenant contre moi et en lui montrant le cercueil, là au fond du trou, j'ai simplement répondu : « Tu sais, tante Laurence va se mêler à la terre et, un jour, la terre et elles vont se confondre. » Il m'a regardé, plutôt rassuré, et comme les grandes questions n'ont jamais attendu le nombre des années, il a enchaîné, tout naturel, du haut de ses onze ans : « Et après ? » Pas question de tourner autour du trou ! Mais la bénédiction attendait. La famille aussi. Et je ne voulais pas lui dire lâchement : « Je t'expliquerai plus tard. » Lui expliquer comment ? Ils sont si étroits, nos mots, pour des questions aussi larges. Comment lui dire qu'il ne faut pas nommer trop vite, que l'au-delà commence ici dans la vie qui se donne ?

« Dis, parrain, qu'est-ce qu'elle va devenir ? »

Alors, en me surprenant moi-même, sous le coup peut-être de l'émotion, j'ai répondu à voix basse, en veillant à n'être entendu que de lui : « Écoute... Je ne sais pas... Je ne sais pas te dire comment c'est après. Je crois que nous la reverrons, tante Laurence, mais pas dans ses vêtements d'aujourd'hui. Tu sais, ce n'est pas important de savoir comment on sera plus tard. Ce qui compte, c'est que sa mort fasse fleurir la terre et grandir l'amitié. Et c'est déjà le cas à travers l'amour qu'elle nous a donné. Parce que, tu vois, l'amour, même en terre, il ne meurt pas. »

Il n'a plus rien dit. Il me paraissait tout à fait éveillé et même un peu distrait, comme s'il était déjà passé à autre chose. Je n'avais pas vraiment rencontré sa question mais je sentais bien, et je l'ai souvent vérifié par la suite, que pour un enfant, plus que le contenu de la réponse, c'est la voix qui compte, la tonalité, la sincérité. Et ce filleul-là, justement, a grandi dans l'ouverture à la mort, c'est-à-dire dans l'attention à la vie la plus fragile. Aujourd'hui qu'il est marié et qu'il a deux enfants, il est peut-être temps pour moi de réentendre sa question : « Et après ? »

Apprendre à ressusciter

« Quand on me parle d'"après" et de "résurrection", je pense à un roman, m'écrit un correspondant. Un roman de science-fiction ! Mais la première page reste blanche… » Quelle bonne idée, un roman. Peut-on rejoindre sérieusement le pays de la résurrection sans emprunter, ne serait-ce qu'un moment, les chemins de l'imaginaire ? Jean Grosjean ne s'en est pas privé, Dieu soit loué ! Mon poète-exégète préféré entre avec un humour grave et léger dans la chair des Évangiles, en se permettant un petit écart fictionnel pour mieux les interroger théologiquement[1].

Ainsi, au troisième jour, à peine sorti du tombeau, Jésus ne se réhabitue à vivre qu'avec précaution. Parce que vivre une première fois, passe encore, on peut y voir une aventure raisonnable. Mais revivre, quelle affaire ! Il en faut, de la hardiesse. Et qui dit qu'on va tenir le coup ? On connaît ça quand on quitte l'hôpital. Au début, ça va, on est heureux de retrouver les siens et de saluer les voisins. Mais quand la convalescence traîne un peu, il arrive que le découragement s'invite sans s'être annoncé. Comment s'étonner qu'en sortant du tombeau, Jésus soit mélancolique ? Un symptôme bien connu de la médecine théologique : la dépression d'après-résurrection. Rien d'alarmant. Beaucoup de femmes sont passées par là, suite à une maternité. Et il y a de quoi.

Ce n'est pas rien, revivre. Empoté dans la résurrection, on se retrouve soudain transplanté en pleine terre. Tant mieux pour les racines mais il faut quand même apprivoiser ce nouvel environnement. Du coup, au début, Jésus n'arrive pas à s'éloigner de la serre du tombeau. Il va, il vient, il sort, il rentre et a même la délicatesse d'aller plier son linceul pour qu'il serve au suivant ! À vrai dire, Jésus s'ennuie dans sa résurrection. Ne le dites à personne, elle l'étonne et elle le déçoit. Comme la mort manque d'intérêt, comme le ciel semble avoir coupé la relation et comme les hommes ne manifestent pas un grand appétit à vivre... il se sent fort seul, le messie, et même assez perdu. Alors il marche. Il marche et il s'interroge. Il cherche à comprendre : c'est quoi, ressusciter ? Il va même jusqu'à se reprocher de « s'être levé trop étourdiment d'entre les morts », dit Jean Grosjean. A-t-il pris le temps de vivre la mort tout entière ? Ressusciter après trois jours, ne serait-ce pas de la précipitation finalement ?

Comme la lune lui adresse un grand sourire et comme l'eau se met à jaser, il retrouve du courage, et même de l'orgueil. Il se dit qu'à bien des égards il est un peu pionnier à sa manière. Oui, bien sûr, on parlait déjà de résurrection depuis un bout de temps à Jérusalem et lui-même a ressuscité Lazare. Mais ce n'était pas la même chose. D'ailleurs Lazare n'a pas aimé. Il n'avait rien demandé, lui. C'étaient ses sœurs qui voulaient. Devoir revivre et puis remourir, ce n'est pas une vie ! Quel intérêt de quitter une tombe pour une autre tombe ? Jésus se met à réfléchir et se dit que maintenant qu'il sait, ou qu'il découvre en tout cas, il doit aller s'excuser auprès de Lazare. Et le voilà en route pour Béthanie.

En arrivant, il aperçoit Lazare dans sa prairie. On a beau avoir été mort, fait remarquer Grosjean, quel choc ! « Je voulais te revoir une fois, dit Jésus.

– Pourquoi une fois seulement ? » demande Lazare, ombrageux. Et Jésus soudain : « Est-ce que tu m'attendais ? » Lazare hésite : « Peut-être pas. » Alors, retrouvant son sourire d'autrefois, le frère de Marthe et Marie est tout heureux de poser la question qui le taraude depuis si longtemps : « Pourquoi m'avoir rappelé de la fosse si vous alliez vous y enfouir vous-même pour toujours ? » Car Lazare vouvoie Jésus. « Écoute, répond ce dernier, c'était plus fort que moi, je n'ai pas supporté que tu pourrisses : tu étais une part de mon âme. » Seulement voilà, « j'étais devenu un maître contesté mais célèbre, occupé mais déçu. Quand je t'ai vu sous la terre, j'ai été dégrisé de l'action et j'ai détesté l'oubli ». Lazare, très touché de la réponse, troublé aussi, au point de passer abruptement du « vous » au « tu », se met à dire : « Maître, vous m'avez ramené à votre vie d'alors, mais vous êtes maintenant ailleurs, et pour toujours, un étranger plus que nous ne l'étions devenus avec l'âge. » Tout pâle, la voix changée, il ajoute : « Ne m'abandonne pas à cette vie qui n'a plus été assez bonne pour toi. »

Jésus ne s'attendait pas à cette supplique. Ce gémissement de Lazare gagne les soubassements de son âme. « Comment avait-il pu exposer Lazare à une seconde descente vers le tombeau ? » Le délier de ses bandelettes pour le relier à une vie si précaire ? Et « replonger un homme dans les épreuves déjà franchies[2] ? » En quittant le domaine du frère et des deux sœurs, le messie n'est sûr que d'une chose : la résurrection de Lazare ne va pas l'éclairer car le voilà sur une route différente. Il sent bien qu'il s'agit d'inaugurer, et même d'inventer. Il n'y a pas de précédents. Et si l'inspiration ne venait pas... ?

Alors, c'est quoi ressusciter ? Ne pas répondre trop vite. Prendre le temps. Faire ses classes. Y aller à son rythme. Il mesure une chose, le messie : le monde n'est pas fermé. On ne tourne pas en rond. Mais cette réflexion ne fait qu'aggraver son vertige. Ressusciter, s'il comprend bien, c'est continuer, reprendre en main la glaise originelle et poursuivre l'acte créateur. Car « on repétrit le monde en permanence », me confiait le sculpteur Jacques Aubelle. La Genèse est encore en route. Mais par où passe la création dans le désert ? Le messie appelle le ciel pour savoir et le ciel ne dit toujours rien. « Pour toute réponse, Jésus entendit faiblement le coucou, écrit Jean Grosjean. Et même, lui sembla-t-il, au loin, les cloches d'un *Te Deum* (...) Le messie était pris dans la nasse de son immortalité[3]. » Alors il pleure. Il pleure et il découvre à travers ses larmes que la résurrection emprunte le chemin de l'Exode. Si Dieu a fait sortir son peuple d'Égypte, ne le fera-t-il pas sortir de l'Égypte de la mort ?

Quarante jours entre la sortie du tombeau et l'Ascension – où le Père, enfin, va faire signe ! –, ce n'est pas beaucoup, finalement, pour apprendre à ressusciter. Il a bien fallu quarante ans au désert pour apprendre à résister. Quarante jours durant lesquels le plus grand soutien au jeune ressuscité aura sans doute été le paysage. Car une des grandes forces de la théologie poétique de Grosjean, c'est d'accueillir la nature et d'en faire bien plus qu'un décor, une actrice, et même une compagne, comme les primevères au tombeau, par exemple, « qui le regardaient de leurs admirables yeux d'illettrées ». Et que dire de la huppe qu'on entendit « pupuler derrière les arbres où ne se devinait plus qu'à peine le retirement de la lune[4] » ? Dès lors la résurrection peut vraiment commencer.

Les « femmes myrrhophores »

Je ne sais pas si la huppe pupulait encore lorsque trois femmes arrivent au tombeau.

La première est mauve. Un mauve adouci de brun clair. On dirait presque une bure franciscaine touchée par la grâce des couleurs de l'Ombrie. Elle tient un pot en grès ou en faïence, précieusement, droit contre son vêtement.

La deuxième est bleue. Un bleu religieuse-de-Saint-Vincent-de-Paul assez affirmé dans la capuche, mais auquel une robe de ciel clair et des yeux tristes donnent un peu de mélancolie.

La troisième, la main posée contre la poitrine dans un geste de recueillement, s'est vêtue d'un jaune-vert venu tout droit du jardin des olives.

Pour vraiment les voir, ces trois-là, il faut pénétrer dans l'épaisseur de l'huile et frôler leurs manteaux de pâte picturale. Je comprends qu'un sujet aussi bouleversant fasse « entrer le peintre dans la peinture » et qu'il se dise « happé dans le tourbillon d'une puissante émulsion »[5]. Le spectateur aussi se trouve emporté dans la chair et le sang, et en mêlant sa pâte humaine à celle du tableau, il découvrira peut-être, à son étonnement, que les couleurs de l'Évangile entrent en lui et viennent le peindre par l'intérieur.

Ces trois personnages à l'arrêt devant un curieux jeune homme bleu, Arcabas les appelle les « femmes myrrhophores ». Elles arrivent tout à la fin d'un polyptique en vingt et un tableaux que l'auteur présente comme une « douloureuse mastication de la Passion dans les quatre évangiles confondus[6] ». Elles sont « myrrhophores », un mot savant pour dire une chose toute simple : « porteuses de myrrhe ». Autant l'oliban, un encens mâle, est plutôt solaire et diurne, autant la myrrhe est lunaire et féminine à souhait. Chaude, balsamique, un peu amère aussi, elle règne surtout la nuit et parfume le lit de la mort comme celui de l'amour. L'Esther de la Bible en sait quelque chose qui avant de « connaître » le roi fut massée six mois avec de l'huile de myrrhe, un onguent de grand prix qui aide à la conservation du corps… et de l'âme (Esther 2, 12). Les trois Marie d'Arcabas, Marie Salomé, Marie

Jacobé et Marie de Magdala, ont donc vidé leur bourse pour offrir au roi crucifié l'huile sacrée de la toilette amoureuse et funéraire.

Ainsi, Pâques commence par un désir d'onction. Dans la douleur de leur paysage dévasté, il ne reste plus à ces femmes qu'un rêve d'embaumement. Presque rien. Moins qu'un linceul abandonné. Une dernière fois caresser le corps de Jésus d'herbes nouvelles, l'imprégner d'aromates et le toucher aux endroits des blessures pour adoucir surtout leur propre supplice.

Le rituel qui brûle en elles n'aura pas lieu. Ne savent-elles pas, les amoureuses myrrhophores, que les mortels, parfois, sont privés de leurs morts ? Le communiant en robe blanche qu'Arcabas regarde comme un jeune homme bleu ne les rassure pas du tout. Il a beau leur parler d'abondance et même lever les mains en forme de calice, elles ne voient que le vide.

Où est-il passé ? Qui l'a enlevé ? N'était-ce pas assez de le tuer vivant ? Fallait-il encore le tuer mort ? L'échancrure de la lance s'élargit en elles à la dimension du tombeau. Et comme si ce second deuil ne suffisait pas, le chérubin bleu les envoie dehors : « Allez dire... » Aller dire quoi ? Aller dire l'absence ? Aller dire le vide ? Aller dire que la myrrhe n'a servi à rien ?

Elles s'enfuient, « stupéfaites et tremblantes » (Marc 16, 8), bien décidées à ne rien dire du tout. Elles vont cacher leurs caresses funéraires. Elles vont cacher leur désir de rite. Elles vont cacher la myrrhe morte et s'enterrer longtemps.

Pâques propose de n'y rien comprendre et de se cacher avec elles. Vivre en creux. Ne surtout rien précipiter. Mais la religion a horreur du vide, elle remplit. Alors que Pâques est d'abord un événement utérin. La foi chrétienne commence par une béance. Se tenir dans la matrice de l'attente, s'inquiéter, ressasser... À quel moment le bon du souvenir va-t-il prendre le pas sur le mauvais ? Quand les lys des champs vont-ils sourire à nouveau et les oiseaux du ciel picorer des graines de printemps ?

Il faudra une table, du pain et un cruchon de vin. Peut-être, au début, la myrrhe est-elle encore à côté du pain mort ? Comment une parole naît-elle de ce pain ? Une bénédiction ? Et à quel moment ces femmes sentent-elles leur ventre remuer ? Un poème les a frappées à l'intérieur, qui grandissait de jour en jour. Ceux qui ont partagé leur faim, disait-il, multiplié leur soif, les brûlés de la passion, les écorchés de la douceur, les éplorés de la tendresse... sont appelés à ensemencer une terre nouvelle. Fallait-il donc entrer dans la sépulture pour que germe le corps ? « Monsieur le jardinier, supplie Marie-Madeleine, dis-moi où tu l'as mis » (Jean 20, 15). Elle comprendra un peu plus tard que *Rabbouni* bougeait en elle. Le tombeau est vide mais la femme est pleine.

Pâques ne dit rien.

Pâques n'apporte aucune explication.

Pâques ne mène pas une enquête autour d'une disparition inquiétante.

Pâques n'est pas une preuve. Pas un mot sur le « comment ? », ni dans les Évangiles ni dans les Actes. Un trou de mémoire. Un blanc dans le texte. Juste le récit d'une panique et le début d'une difficile grossesse.

Pâques ne remplit pas la fosse.

Pâques ne referme pas la blessure.

Pâques ne se bouche pas les oreilles.

Pâques ne se berce pas d'illusions.

Pâques ne promet pas le retour à la case départ.

Pâques ne supprime même pas la mort.

Mais Pâques s'étonne que la mort soit enceinte.

Et comme Pâques est pratique… Pâques ramasse un linceul.

Pâques emprunte aux femmes myrrhophores un peu d'or, d'encens et surtout de la myrrhe, et s'en va vite à Bethléem préparer un berceau.

« Il y aura toujours à ne pas s'arrêter »

N'est-ce pas une belle projection, tout ça ? Le poème de la grossesse, la mort qui donne naissance, les aromates en fleurs au berceau ? « L'espoir d'une survie éternelle me paraît aussi redoutable qu'illusoire », m'écrit un lecteur sincèrement désireux d'approfondir le dialogue.

« Redoutable », j'accepte. Une femme en sait quelque chose devant le tombeau vide. Et face à ce vide, elle « imagine » le christianisme. « Redoutable », en effet. « Illusoire » ? Pour trouver un sens, et parce qu'il est trop pénible de se heurter au mur de l'insupportable finitude, et parce qu'il n'est pas facile de voir l'autre qu'on aimait tant rejoindre le néant, alors, pour se consoler, on aurait inventé la suite de la partition… Oui, peut-être, si on regarde la vie éternelle de façon individualiste et surtout si on la situe uniquement « à la fin ». Mais si l'éternité se jouait dans l'instant ? Si elle était déjà à l'œuvre maintenant ? Si la résurrection commençait avant la mort ? Si l'« au-delà » était d'abord un « en dedans » ? Doit-on parler de vie « éternelle » ou de vie « internelle » ? Pour toucher au mystère, il faut oser frapper à la porte de l'imaginaire : seule une approche poétique permet de donner sens à l'éternité sans la violer[7].

Si vous acceptez de naviguer avec moi à l'incertitude, sans trop savoir où notre radeau va nous emmener, et comme il faut un peu de provisions pour la route, je vous propose d'embarquer avec un poème de Guillevic :

Il y aura toujours une lumière
Pareille à aucune,
Où ce pourrait être l'endroit.

Il y aura toujours
À ne pas s'arrêter

Toujours
À ne pas savoir pourquoi.

Il y aura toujours
À rencontrer la bonne lumière,
Celle

Où n'avoir plus rien à perdre[8].

Ne pas s'arrêter et ne pas séparer.

Jésus a grandi dans cette pensée de la non-séparation de l'âme et du corps, convaincu que celui qu'il appelle « mon Père » ne relèvera pas seulement son âme mais l'intégralité de sa personne. Traduit en langage eucharistique, cela veut dire que quand Jésus prend le pain en mémoire de la grande traversée, et quand il dit : « Ceci est mon corps », il dit en même temps et sans séparer : « Ceci est mon âme »... Du coup la question rebondit : quelle est cette résurrection de mon corps qui est aussi mon âme ?

La Bible, le Nouveau Testament, saint Paul en particulier, sont très clairs sur un point : on ne va pas remettre en route des nerfs, des artères et reconstituer un squelette. Même le splendide épisode des ossements desséchés que raconte le prophète Ézéchiel (37, 1-14) ne vise pas cette matérialité-là. Il ne s'agit pas de reprendre conscience comme si on sortait d'un long coma. La résurrection n'est pas une réanimation. La révélation biblique ne parle d'ailleurs pas de résurrection des corps mais de résurrection des morts, c'est très différent[9]. Alors, comment dire, qu'est-ce qui « passe » quand je trépasse ? Qu'est-ce qui « ne va pas s'arrêter » ? Qu'est-ce qui « se relève » ? En quoi consiste ce « travail » qui n'est pas achevé ?

Avouer d'abord que le mot « résurrection » est piégé. Il risque d'induire en erreur dans la mesure où, pour beaucoup, il évoque encore l'idée d'un cadavre qui revient à la vie et sort du tombeau. « Les mots sont comme des plantes, observe le pasteur Daniel Marguerat, avec la fleur vient la racine et un peu de terre. Emprunter un mot n'est jamais l'emprunter nu ; on emporte aussi les représentations qu'il charrie avec lui[10]. » Du coup, qu'est-ce que je constate quand je tente de ne pas séparer la fleur de résurrection de sa terre et de ses racines ? Que les jardiniers du Nouveau Testament n'ont jamais voulu clôturer leur parcelle, et que pour la cultiver à l'air libre, cette fleur-là, et lui permettre de s'épanouir, ils vont multiplier les langages au lieu de n'en avoir qu'un seul sur l'appui de fenêtre. Car une résurrection de pleine terre et une résurrection en pot, ce n'est pas la même chose !

Je me demande s'il ne faut pas ici s'inspirer de la peinture, travailler par petites touches, décomposer les tons. N'est-ce pas l'impressionnisme et même le pointillisme qui aideront le mieux à approcher le mystère ? Y compris l'impressionnisme poétique de l'apôtre Paul ? Car, de tous les auteurs du Nouveau Testament, il est sans doute celui qui s'est aventuré le plus loin sur ce terrain-là. Il balbutie, mais il balbutie bien. On voit qu'il hésite, tant mieux ! C'est rassurant. Qu'il cherche des mots, des images surtout. Et il en trouve quelques-unes. Comment raconter le chemin entre un grand coup de vent qui disperse les graines et la naissance d'un champ de coquelicots ? D'accord, un botaniste pourra nous y aider, mais le passage d'un bloc de pierre à l'instant du *Baiser* de Rodin ? À quel moment l'âme est-elle entrée dans le corps du *Baiser* ? Dans le vocabulaire paulinien et pour emprunter à la *Bible Bayard* le poème proposé par la traduction de Frédéric Boyer et Hugues Cousin, ça devient :

Même chose pour la résurrection des morts,
semé pour pourrir
relevé imputrescible
semé pour le mépris
relevé avec éclat
semé faible
relevé fort
semé corps animé
relevé corps inspiré
(I Corinthiens 15, 42-44).

Étonnante, cette manière de faire craquer le langage pour tenter d'exprimer la nouveauté d'un corps que le Souffle relève. Poésie, bien entendu, donc c'est vrai ! Mais comme toujours en poésie, il faut chercher ce qui se dit sous les mots, dans le rythme, la césure, la respiration. Et ce que j'entends dans ces images-là, c'est que notre vie n'est pas fermée, que nous n'en sommes peut-être qu'à nos débuts, que la création continue, y compris la mienne, que je dois encore grandir, me transformer, me transfigurer, que je ne suis pas achevé, et que j'aurai toujours à ne pas m'arrêter.

Comment appeler ce mouvement, cet exode intérieur, cette sève qui me fait passer d'un corps terreux à un corps ciéleux ? Mais en gardant de la terre au ciel comme il y a déjà du ciel dans ma terre !

Comment appeler ce fil qui relie ma chair sensible et ma chair spirituelle ?

Comment appeler ce qui m'attache aux autres et qui me rend unique ? Et qui dépasse le hasard et les aléas d'une existence ? Et qui n'est pas lié à ma richesse, ni à ma pauvreté, à ma laideur ou à ma beauté ?

Comment appeler cela qui reste, que je sois gagnant ou perdant, que je sois puissant ou mendiant ? Ce lieu inviolable en moi, indestructible, comme un diamant, comme un saphir, une tourmaline, et qui fait que je suis qui je suis et pas quelqu'un d'autre ?

Pour dire ce désir de vie qui, en moi, traverse la mort, la tradition hébraïque utilise le mot *nefesh* souvent traduit par « âme » en français. Pourquoi pas, mais à une condition : il faut le réenchanter, ce mot-là. Et qu'il exprime toute la polyphonie de sa musique originelle. Que l'âme se sente vraiment multiple. Une âme si concrète dans sa glaise hébraïque qu'elle dit tantôt ma respiration, tantôt la détermination qui m'habite. Car l'âme fait mouvement en moi, elle m'ouvre à plus grand que moi. Autrement dit, l'âme est de nature relationnelle. Mais en hébreu, l'âme exprime aussi l'odeur, le parfum, l'appétit. L'appétit de vie en moi. Et un appétit qui ne meurt pas avec la mort !

Ainsi, pour l'apôtre Paul, la résurrection n'est pas une répétition mais une recréation et même, à certains égards, une insurrection, une protestation, puisqu'elle refuse à la mort le droit de dicter sa loi. La résurrection n'est pas, pour autant, une « assurance mort » comme on parle d'« assurance vie ». Elle ne vient pas guérir la blessure et colmater la brèche de la croix – pas plus qu'elle n'offre un GPS pour qu'on s'y retrouve dans l'au-delà ! Avec elle, on n'épargne pas, on dépense. On ne commémore pas, on inaugure.

Celui des évangélistes qui a le mieux compris cette « inauguration » et tente de l'expliquer à des contemporains devenus sceptiques (déjà !) face aux descriptions enflammées du Jugement dernier est certainement Jean, un nom de plume qui cache une pluralité de regards. Ce Jean au cœur multiple montre bien en quoi la vie éternelle n'est pas une vie interminable, mais une vie de saveur et de bonté qui se prépare ici et maintenant et que Dieu accueillera en lui reconnaissant tout son poids d'humanité. À mes yeux, cela entraîne deux choses. D'abord qu'il y a des ressuscités parmi nous, et qu'à travers leur générosité, à leur insu, ils ont déjà franchi la frontière. Mais cela signifie aussi qu'on ne ressuscite pas que pour soi. Le patriarche Athénagoras, qui m'a tant marqué en son temps, disait qu'il n'y a de résurrection que dans la transfiguration du monde. Voilà une grande tâche, d'une brûlante actualité, et qui pourrait donner un avenir à des Églises dépouillées et libérées d'elles-mêmes : transfigurer, c'est-à-dire « illuminer la pesanteur[11] ».

« Je veux sortir ! »

Une jeune femme est parvenue à « illuminer la pesanteur » de son existence au terme d'une traversée dont elle ne savait pas où elle allait la conduire. Dans *Voyage au bord du vide*[12], Caroline Valentiny raconte l'histoire d'une descente aux enfers au sortir de l'adolescence, où elle s'est retrouvée prisonnière d'un univers mental éclaté. J'ai eu le privilège de préfacer son livre et d'accompagner l'auteure en public quand elle raconte comment elle a tenté de rassembler des morceaux aussi dispersés. Jusqu'au jour où elle a fait « l'expérience de quelque chose, au-delà de moi, qui m'a réveillée à la vie ». Nous en avons beaucoup parlé. J'ai pris des notes. Elle m'a relu. Il n'empêche que je tremble un peu en m'aventurant avec elle, au-delà d'elle-même.

« Il y a parfois, me dit Caroline, et je l'ai vécu, une mort plus profonde que la mort physique : vivre dans un corps-cadavre. Je savais, je sentais que la mort que je vivais vivante était pire que la mort… mort. Parce que la part qui était morte en moi était la plus vivante de moi. Je ne vivais pas la mort dans l'âme mais la mort de l'âme et même, plus précisément, la mort de l'âme-chair. » Comme elle a raison d'unir les deux mots : l'âme-chair ! Parce que l'âme aussi peut être en sueur. Elle aussi a besoin de la douceur d'une caresse.

Ce qui meurt quand l'âme-chair s'éteint n'a pas de nom, poursuit Caroline. « C'est terrible, un corps sans âme-chair. Il faut le faire bouger, le faire parler, le faire dormir alors que plus rien ne le traverse, et même l'assommer pour que se taise le rappel constant de la mort. » Si je l'entends bien, le corps sans âme-chair ne respire plus le monde. Son souffle n'est plus qu'une pompe mécanique et sa peau est de pierre. « Les yeux grand ouverts, la conscience aspire au retour du souffle, et à goûter encore l'odeur d'un feuillage et la couleur d'un ciel. Même respirer le bitume de la route lui ferait plaisir. » Elle aspire… mais elle n'a plus de maison et rien ne vient, « rien que le bruit sourd dans une poitrine béante ». Si encore le corps-cadavre avait pu mourir, se dit la conscience, peut-être le souffle de l'âme-chair aurait-il trouvé son ciel ? Mais comment le corps-cadavre pourrait-il mourir puisqu'il ne sait même plus dormir ? Ah, si elle perdait le corps-cadavre, ce serait mille fois moins grave que la perte de l'âme-chair. Mais voilà le terrible : elle marche encore parmi les vivants, « plus morte que vive, plus morte que morte ».

En l'écoutant, je repense à Jacques Lusseyran et à la résistance poétique qu'il organisa à Buchenwald. « Il fallait se rappeler sans cesse que c'est toujours l'âme qui meurt la première racontait-il, même si son départ ne s'aperçoit pas, et qu'elle entraîne toujours le corps dans sa chute. C'était l'âme qu'il fallait nourrir, en priorité[13]. » Comment Caroline, dans sa déportation intérieure, a-t-elle su renourrir son âme ? À quel moment a-t-elle *consenti* à son propre chaos ? Elle souligne très fort « consentir ». À quel moment a-t-elle accepté de déposer les armes « sans savoir s'il y avait encore un chemin » ? Un jour pourtant, un long jour qui ne comptait plus les jours, malgré la blessure, claudicante, dévêtue de tout, de son âme surtout, une brise toute légère lui a caressé la peau. « Je tressaillais à nouveau. Très doucement, l'âme-chair reprenait souffle et la conscience elle-même avait un corps. Quelle était cette vie revenue de si loin, toute pleine de sa chlorophylle, de sa moelle, de sa sève, de son sang ? Et ces goûts d'épices, et ces odeurs d'herbe et ces couleurs de vent ? Quelle était cette force capable de réveiller un corps aussi mort que le mien ? »

« Se pourrait-il que rien ne meure ? me demande Caroline, ou plus exactement qu'il y ait en nous une poussée de naissance qui nous permette de mettre la mort au monde ? » Faut-il parler de « résurrection » ? « Le mot est ambigu, me répond-elle, pas tout à fait clair dans ma tête. Je préfère mettre des guillemets. Une expérience de relèvement, oui, de réveil, sûrement. En sachant que cette vie plus forte que la mort restera fragile, qu'elle pourrait encore s'éteindre mais que c'est bien cette fragilité elle-même qui remet debout. Cela veut dire qu'on ne ressuscite pas une fois pour toutes et que ce beau et difficile travail de remise au monde ne sera jamais achevé. »

Il est dit au livre des Actes des apôtres, à propos de la mort de Jésus : « Il a été délivré des douleurs de la mort » (2, 24). Le verbe utilisé, « délivrer », est très précis. On l'emploie pour évoquer la femme à l'heure de l'accouchement, au moment de la « délivrance ». Il s'agit bien des douleurs d'une femme. Cela veut dire qu'au tout départ, dans une des premières expressions qui la caractérisent, la résurrection est regardée comme une naissance et une expulsion. Je rejoins ici l'émouvant témoignage de Marie Friedel, évoqué plus avant. À travers son expérience d'infirmière en soins palliatifs pédiatriques, elle ne cesse de rapprocher les naissances. Soucieuse de passer « d'un accouchement à l'autre », elle rappelle d'abord que le nouveau-né quitte l'utérus chaud et rassurant mais si exigu en fin de parcours, qu'il faut abandonner ce cocon devenu menaçant. Il y a urgence à sortir et à prendre le large. Et elle ajoute, sans transition : « Comment comprendre cette phrase jaillie de la bouche d'un enfant mourant qui me confiait : "Ce corps est trop petit, il est comme une prison, je veux sortir !"[14] ? »

Il n'y a pas que chez les enfants que le corps devient trop petit et cherche à se frayer un passage. Chez les grands aussi. Mais que c'est fatigant de ressusciter !

Il y aura toujours
À ne pas s'arrêter…

Recoudre le paradis

Au paradis, ce que vivaient Adam et sa compagne était « très bon », à en croire l'Accoucheur des origines. Un jour, pourtant, ils ont dû quitter ce jardin des délices, moins démunis qu'on ne le prétend parfois puisque, YHWH en personne le reconnaît, « ils sont devenus comme un autre nous-même qui a l'expérience du bon et du mauvais » (Genèse 3, 22). Que souhaiter de mieux ? Les voilà comme des dieux. Et en prime, ils reçoivent des tuniques de peau ! Eux aussi revêtiront la coule, mais pas pour entrer au ciel, pour en sortir. Et malgré ce bel habit-là, ils ont froid. Alors la première femme de la Bible, devenue Hava à la fin du chapitre 3 de la Genèse, Ève, la Vivante, se met en quête de combustible. Et elle en trouve ! Une sorte de pierre noire brillante qu'elle arrive à faire brûler comme en Angleterre. C'est Grosjean qui le dit[15] ! Une fois réchauffés, ils font un dernier tour du locataire et s'en vont…

Il n'est pas sûr que le paradis soit perdu. Même pour les premiers amoureux de la Genèse. Ève, la confiante, en est convaincue. Son homme beaucoup moins. Alors elle l'encourage et tente de lui expliquer que le jardin des origines va les accompagner dans sa miséricorde. Mais cela ne se fera pas sans peine car le paradis est déchiré, à en croire Charles Le Quintrec, alors il va falloir se mettre à l'ouvrage :

Coudre et recoudre
Et tailler dans le ciel
Un long manteau de nuit[16].

Ce paradis est déchiré et surtout « dispersé sur toute la terre ». C'est pour cela que nous ne le reconnaissons plus. Il faut en réunir ses « traits épars », enchaîne Yves Bonnefoy :

Le paradis est épars, je le sais.
C'est la tâche terrestre d'en reconnaître
les fleurs disséminées dans l'herbe pauvre[17].

Dans le langage biblique, recoudre le paradis, cela veut dire, pour Adam, « travailler le sol d'où il vient » (Genèse 3, 23), retourner cette terre qui l'a conçu. Ce n'est pas une mince affaire. Est-ce pour cela qu'il est d'humeur sombre au moment de partir alors qu'Ève, au contraire, semble bien décidée à tenter la nouvelle aventure ?

Dans *L'herbe qui tremble*[18], qu'il y aurait urgence à rééditer, Paul Willems nous emmène au paradis d'avant la femme ou en tout cas, pour autant que l'on sache, en un temps où Adam n'a pas encore approché Ève. C'est cela « ne pas cueillir » pour le Dieu de Willems. Mais Adam voit les épaules rondes de la belle inconnue, et sa bouche et ses yeux et son ventre qui « luisait doucement aux lueurs du feu ». Il la touche, « et c'est alors qu'un homme désira créer pour la première fois ». La colère de Dieu provoque un tel orage que le paradis vole en éclats. Au point qu'on en retrouve des débris aux quatre coins du monde. Comme ceux de la tasse blanc et bleu du poète, translucide, à laquelle il tenait beaucoup.

Recoudre, remailler, recoller, rechercher à travers le monde les éléments dispersés, les poètes sont d'accord, c'est par là qu'il faut commencer. Mais comment retrouver ensuite le scintillement des origines ? Dans la rencontre amoureuse, répond Paul Willems, dans la pluie, dans l'orage, dans le paysage et surtout… dans l'« herbe qui tremble », cette graminée qu'on observe près des haies et qui porte à l'extrémité de chaque ramure un minuscule petit cœur : « Veux-tu cette herbe que j'ai trouvée au bord d'un chemin ? Elle est formée de mille petits cœurs qui tremblent », dit Adam à Ève. « C'est une chose surprenante, pensa-t-il, j'aime une herbe qui pousse à tous les vents[19]. »

Quand le vent de la mort a frappé, « n'allez pas vous emparadiser à trop bon compte », insiste Jean Sulivan. D'abord reconnaître la brisure, le démaillage, l'ampleur du tremblement. C'est que la mort aussi nous expulse du jardin d'Éden et nous force à retourner le « sol d'où l'on vient ». Prendre la mesure de l'expulsion à l'heure où l'on devient soi-même une herbe si pauvre. Ne reste que la dispersion. « Oui, tu es poussière », dit YHWH à Adam (Genèse 3, 19). Il aurait pu l'encourager en précisant : « poussière de paradis ». Car voilà la tâche désormais : retrouver les éclats dispersés. Avec la poussière refaire de la glaise, avec les débris reconstruire la tasse, avec les bouts de tissu réunis recoudre le paradis. N'est-ce pas cela, l'œuvre de création ? Celle du deuil aussi : restaurer l'unité perdue. Et celle de la foi. Car que propose une démarche confiante – une

« révélation » – sinon un travail de couture ? Croire, comme écrire, c'est relier des signes dispersés dans l'herbe de notre histoire.

Adam et Ève, toujours soucieux de réunir les « traits épars » du paradis, exploraient le Vieux Montréal quand je les ai croisés dans un jardin que l'écrivain québécois Jean-Léo Gro appelle l'« Éden bleu de Diane Desmarais ». Je suis entré dans la galerie Saint-Dizier, rue Saint-Paul Ouest, et, très vite, j'ai été fasciné par les couleurs disséminées à travers les tableaux. Des couleurs qui m'accueillent dans la discrétion, presque dans l'effacement. De l'eau, du sable, de la terre... des couleurs qui tremblent car il y a du vent dans la peinture de Diane Desmarais. Et une sensualité d'autant plus forte que l'artiste lui fait signe en silence comme si elle se promenait nue à l'intérieur d'un cloître. Le paradis, elle le suggère en quelques courbes. Calme et dépouillement de l'étreinte quand Adam et Ève s'occupent à retrouver le scintillement des origines. Une quête jamais achevée que la jeune Emily Dickinson exprime dans un raccourci saisissant :

Et pour occupation, ceci :
Ouvrir bien grandes mes étroites mains
Pour ramasser le Paradis.

ENVOI

Une présence porcelaine

« Un jour, si je me tais, sache que je te parle en dedans. »

Jean Sulivan

Des « accords furtifs »

Je n'ai pas oublié ce vieux monsieur tout en larmes qui m'approche à la fin d'une conférence et me raconte qu'il a perdu son épouse il y a peu. « C'est moi, dit-il, qui vous ai demandé si on pouvait parler à ses défunts. » Et il ajoute, sans transition : « Sur la cheminée, à la maison, j'ai deux photos de ma femme, prises à deux secondes d'intervalle. Sur la première, elle est crispée et a l'air de mauvaise humeur. Sur l'autre, elle est souriante, détendue. Je vois bien qu'elle me regarde. Quand je fais une bêtise, si je casse un verre, par exemple, ou une assiette, je regarde la photo de mauvaise humeur. Elle n'est pas contente. Mais quand ça va mieux et que je concocte un "petit plat" pour m'encourager, je regarde l'image souriante. Et elle m'approuve ! Vous croyez que je peux lui parler comme ça ? »

Sophie m'écrit qu'il y a quelques années sa meilleure amie est morte d'un cancer du cerveau à l'âge de vingt-trois ans. « J'en avais vingt et un, me dit-elle, et je l'ai accompagnée tout au long de sa maladie. Après des années de déni, je suis bien forcée de constater que je vis des choses qui n'ont aucune explication rationnelle. Pardonnez-moi d'être indiscrète : vous arrive-t-il de ressentir la présence d'une personne décédée ? »

Michel, un collègue de l'université avec qui j'ai beaucoup travaillé, souhaite me rencontrer. Quoi de plus normal dans le cadre d'une collaboration professionnelle. Mais ce n'est pas pour parler d'enseignement ni de recherche. Il veut évoquer la situation de son père, déjà très âgé. Les grands enfants de cette famille nombreuse le veillent avec attention, jour après jour, et sentent bien que le départ approche. Cette nuit-là, l'épouse de mon collègue est réveillée par les larmes de son conjoint, alors qu'il dort profondément. Il rêve et il pleure. Réveillé à son tour, il explique à son épouse, très ému, que dans son rêve il parlait à Dieu de son père. Au petit matin, un de ses frères « de garde » lui téléphone : « Papa est mort cette nuit. » Et il indique l'heure. C'était au moment où Michel pleurait dans son rêve…

En Afrique du Sud aussi des enfants pleuraient dans leurs rêves. On les a appelés les

« orphelins du sida ». Des petits qui voulaient savoir ce qu'étaient devenus leurs parents, comment ils étaient morts et de quelle manière ils pouvaient encore communiquer avec eux. Un dominicain belge, Philippe Denis, présent dans le pays depuis vingt-cinq ans, a été bouleversé par la souffrance de ces gosses abandonnés ou élevés par leurs grands-parents. Une souffrance d'autant plus rude que d'après le prescrit de la culture zouloue, quand un parent meurt, l'enfant doit quitter la pièce et ne peut pas poser de question. Et moins encore si le papa et la maman ont été emportés par le sida. Des enfants hantés par la question des origines, témoigne Philippe Denis. « Je pensais, jusqu'alors, qu'il suffisait de les aimer, de les nourrir, de les loger, mais ces orphelins crèvent de ne pas connaître leurs racines[1]. » Alors, frère Philippe a créé une chose toute simple en apparence, mais si imaginative : la « boîte à mémoire ». Une belle petite boîte en bois ou en carton, souvent peinte et décorée, que l'enfant cachera parfois comme un trésor secret, mais qu'il peut aussi montrer avec fierté si la confiance est au rendez-vous. Que contient-elle de si extraordinaire, cette *memory box* ? Une photo un peu jaunie, un dessin, une relique, un contrat d'assurance, une quittance de loyer, une lettre adressée aux parents disparus, un objet qui leur appartenait. Mais il arrive aussi que l'enfant raconte son histoire, qu'on l'enregistre et qu'elle soit déposée dans la boîte. Elle a quelque chose de magique, cette boîte à mémoire, et change la vie des enfants. Les éducateurs qui les accompagnent encouragent ces petits à l'utiliser régulièrement. Avant, ils pleuraient, incapables de mettre des mots sur ce qu'ils traversaient. Aujourd'hui, même s'ils pleurent encore, ils ouvrent leur boîte et se sentent beaucoup mieux.

Alors, peut-on parler avec ses défunts ? Échanger quelques mots avec eux en ouvrant la boîte à secrets ? Y compris en pleurant dans son rêve ou en regardant une photo sur la cheminée après avoir fait une « bêtise » ?

Pour évoquer nos chemins les plus intimes, Pierre-Albert Jourdan regarde la nature et s'émerveille de la « limpidité des accords : le bourdon au cœur de la rose trémière, le papillon blanc sur la valériane ». Il y voit des « accords furtifs » qui sont, dit-il, « comme un surplus » : ils « dépassent les fonctions qui s'y trouvent rattachées ». Devant ce « surplus », nous devons avoir une « certaine tenue » pour être « dignes de frôler, sans honte, la prodigalité de ce monde »[2].

Des « accords furtifs »… Cette magnifique expression ne me quitte plus. Je la trouve particulièrement adaptée à la rencontre avec les défunts. Elle aussi ne peut être qu'un « surplus » et demande une « certaine tenue » pour que nous soyons dignes de les frôler dans la « prodigalité de ce monde ». On voit bien que pour parler de cette rencontre si subtile, seuls les mots de la plus délicate fragilité parviennent à exprimer cet accord : le frôlement, le murmure, le soupir, la lueur, la grâce… Mais ça ne suffit pas. Il faut encore que moi, survivant, – mais qui est le plus sur-vivant des deux ? –, j'entre en état de dévêtement, que je me dépouille intérieurement et que je me trouve assez désencombré, et donc assez libre, pour oser vivre une expérience spirituelle si singulière et si intime. Pour nous rejoindre, plus encore que de leur vivant, nos morts ont besoin de trouver une faille en nous.

Ces « accords furtifs » ne sont pas seulement individuels. Dans la tradition chrétienne en particulier, chaque destin singulier est lié à un destin plus large. L'Église orthodoxe n'affirme-t-elle pas qu'on célèbre « sur la terre comme au ciel » ? Autrement dit, les trépassés restent dans la famille, en relation étroite avec les vivants. D'ailleurs, pendant longtemps, les morts furent enterrés dans un cimetière tout contre l'église. Et pour cause : à l'occasion de la messe dominicale, il y a « communion » entre ceux du « dehors » et ceux du « dedans ». La célébration eucharistique est d'abord un repas et c'est ensemble qu'on partage le pain. Cette « Communion des saints » est une manière de dire qu'on participe à une communauté plus large et qu'à la messe le corps du Christ concerne les vivants et les morts. Cela n'a donc pas beaucoup de sens de « prier pour les morts ». On peut en faire mémoire, rendre grâce, et souhaiter qu'ils accompagnent spirituellement nos chemins parfois chaotiques, mais en ne cherchant pas à rendre leur présence trop explicite. Je reste marqué, à cet égard, par le récit de Jean Grosjean qui imagine le Christ ressuscité apercevant sa mère dans un jardinet de la ville en train de trier des « graines de capucines et de pavots » : « Elle ne voyait pas son fils, fait observer le poète, mais si elle l'avait vu, aurait-il été plus proche[3] ? »

Le porcelainier

Pour tenter de rester à l'écoute d'accords si furtifs, je me suis aventuré un moment du côté des porcelainiers sous la guidance d'un ami céramiste aujourd'hui disparu : Max van der Linden. Ce petit personnage haut en couleur me rendait parfois visite à la tombée du jour. Il ne frappait pas à la porte. Juste une ombre entrevue par la fenêtre du bas. Mais je n'étais pas sûr. Un souffle d'ombre si rapide que je ne savais pas. N'était-ce pas ma voisine qui volait fort bas ce soir-là, une chauve-souris du clocher d'à côté habituée à me faire signe entre chien et loup ? Ou alors, ce qui ne me rassurait pas du tout, le frôlement, si léger pourtant, d'une ombre de passage en moi ? Vous savez bien, ça vous arrive aussi, non, de voir à l'extérieur, une seconde, peut-être moins, quelque chose – ou quelqu'un ! – qui était à l'intérieur…

J'ouvrais la porte avec un peu d'inquiétude. C'était bien lui, mon rôdeur, souriant de toute son ombre dans son vieux veston élimé d'absence. Et quelle flamme dans ses yeux ! Trop brûlante pour moi. Heureusement, sa voix basse, un peu argileuse comme la terre qu'il travaillait depuis longtemps, adoucissait le feu de sa présence.

Nous parlions de son violoncelle. Il l'aimait beaucoup. Et de ses défunts. De Joël, d'Adélaïde. De son ami Paul Delvaux aussi, de Marie-Madeleine, de François d'Assise, de Bernadette à Nevers « où on a cru bon de la cloîtrer », et de Mozart le jour de son enterrement. Il avait un art tout particulier de les rendre vivants, dans ses mots et dans ses mains, et de leur offrir une lumière habillée d'un rien de tristesse, juste assez pour quitter l'inquiétude sans trop éblouir la sérénité. Céramiste, il avait aussi l'expérience de la porcelaine et savait, pour l'avoir parcouru si souvent, le chemin qui conduit à la transformer.

Quand j'espère communiquer avec mes défunts, je repense à lui, à nos conversations, à ce travail de porcelainier qu'il m'a raconté. Un travail à l'ancienne, au temps où chaque facette du métier mérite un artisan particulier. Le maître-porcelainier mélange d'abord ses matières premières, l'argile kaolinique, le quartz, le feldspath. Ensuite, et c'est là que le compagnonnage conjugue les savoir-faire, il pétrit la pâte, la façonne, la sèche, l'émaille, la cuit (deux fois !), la décore. En écoutant le récit de cette alchimie délicate, je le vois debout devant cette pâte en train de tourbillonner sur son tour. Il l'élève entre ses mains et, délicatement, du bout des doigts, fait naître une tasse ou une assiette. Le tout début d'un long travail d'équipe. Le moufletier va passer la pièce au feu sans que la flamme la touche, le batteur de pâte l'affiner, l'useur de grain faire disparaître les défauts, l'émailleur la vitrifier par aspersion ou par immersion avant que le porcelainier lui-même ne la cuise à grand feu. Puis viendra le décorateur chargé de peindre, décalquer, incruster ou imprimer le paysage qui donnera nouvelle vie à l'objet.

Est-ce que nos défunts passent par les mains d'un maître-porcelainier ? Traversent-ils un atelier aussi diversifié avant de nous rejoindre ? Au bout de leur voyage, reviennent-ils de Chine, du Japon, des Pays-Bas, de Saxe, de Sèvres ou de Limoges… ? Et ont-ils été si bien ouvragés que nous aurons la chance, parfois, de voir filtrer la lumière à travers l'argile blanche de leur nouvelle vie ?

Je crois avoir compris que pour accueillir la transparence d'une porcelaine, il faut aussi un peu de transparence en soi, mélanger les ingrédients d'une mémoire vive, affiner la pâte du souvenir, faire disparaître les défauts d'un attachement trop égocentrique, s'habiller de nacre et passer surtout par le grand feu de la disparition. Alors oui, je le crois, il arrive que la grâce d'une présence réelle nous fasse signe au cœur de l'absence réelle. Même aux jours de l'écorchure, elle peut surgir, sans prévenir. Aucune magie ici, pas la moindre autosuggestion. Ce n'est pas une projection. Éloignez vite ces drogues destructrices qui ne permettront jamais la rencontre. La réalité est plus simple et plus exigeante : vous, rien que vous. Vous de corps, vous d'âme et vous de cœur. Vous si loin, si bas en vous, si détaché de vous que vous en devenez transparent. Un moment d'oubli. De vrai oubli. Si rare. Une générosité dont nous sommes pourtant capables quelquefois. Un beau travail d'artisanat sur soi et au bout de la seconde cuisson… une présence porcelaine.

Dans la ronde des métiers de la porcelaine, le décorateur arrive en dernier. Quelles couleurs va-t-il choisir et quel toucher de pinceau pour donner plus de présence encore à la transparence ? Les défunts aussi décorent parfois nos vies d'un trait tout léger, une couleur qu'ils nous adressent, un tracé… Ne pas trop en parler, ça ne regarde personne. Se réjouir dans le secret. Laisser chanter en soi cette douce clarté, si fragile encore. Découvrir avec surprise qu'on commence soi-même à ressusciter. Et s'étonner que notre âme, si lourde encore il y a quelques jours, ou quelques heures, vienne de se changer en oiseau.

Notes

Invitation

1. Cette histoire racontée par Dora Diamant, je l'évoque ici en m'inspirant largement de la version qu'en propose Paul Auster dans son roman *Brooklyn Follies*, Actes Sud-Léméac, 2005, p. 184-189.

2. *Ibid.*, p. 188.

3. Gabriel Ringlet, *Ceci est ton corps*, Albin Michel, 2008, rééd. coll. « Espaces libres », 2014.

4. Marion Muller-Colard, *L'Autre Dieu. La Plainte, la Menace et la Grâce*, Labor et Fides, coll. « Petite bibliothèque de spiritualité », 2014, p. 11.

5. Philippe Jaccottet, *La Semaison. Carnets 1954-1972*, Gallimard, NRF, 1984, p. 103.

I. Prendre l'habit

1. Les poèmes de Marie-Raphaël sont publiés dans la collection « Plume », Éd. du monastère Notre-Dame d'Hurtebise, 6870, Saint-Hubert, Belgique. On peut

citer, en particulier, les recueils *Le Cœur nu, Le Visiteur de l'aube, Mère du vivant, Entredanse.*

2. Pour rencontrer l'œuvre d'André Schmitz, on se référera notamment à un ouvrage qui rassemble plusieurs de ses recueils : *Dans la prose des jours. Poésie 1961-2001*, La Renaissance du livre, 2002. Mais aussi, *Pour ainsi dire, pour ainsi vivre*, Le Taillis Pré, 2012.

3. Daniel Bourguet, *La Pudeur de Dieu*, Olivétan, 2010, p. 67-68.

4. Jean Grosjean, *Les Parvis*, Gallimard, NRF, 2003, p. 65.

5. Jean Grosjean, *Si peu*, Bayard, 2001, p. 48.

6. Francine Carrillo, *Le Plus-que-vivant*, Labor et Fides, coll. « Petite Bibliothèque de spiritualité », 2009, p. 35.

7. Sylvie Germain, *Le Livre des nuits*, Gallimard, coll. « Folio », 1985, p. 164.

8. Philippe Mathy, *Sous la robe des saisons*, L'Herbe qui tremble, 2013, p. 131.

9. Jacques Lusseyran, *Le monde commence aujourd'hui*, La Table ronde, 1959 rééd. Silène, coll. « L'artisan philosophe », 2012.

10. Pierre-Albert Jourdan, *L'Approche*, Éditions Unes, 1984.

11. Pierre-Albert Jourdan, *Les Sandales de paille*, Mercure de France, 1987.

12. Pierre-Albert Jourdan, *Le Bonjour et l'Adieu*, préface de Philippe Jaccottet, Mercure de France, 1991.

13. Pierre-Albert Jourdan, *L'Approche*, *op. cit.*, p. 20, 27, 39, 66.

14. *Ibid.*, p. 67.

15. *Ibid.*, p. 68.

16. *Ibid.*
17. *Ibid.*, p. 41-42.
18. *Ibid.*, p. 14-15.
19. *Ibid.*, p. 56.
20. *Ibid.*, p. 52-53.
21. *Ibid.*, p. 25.
22. *Ibid.*, p. 35.
23. *Ibid.*, p. 14.
24. *Ibid.*, p. 28-29.
25. Anne Perrier, *Les Noms de l'arbre,* dans *La Voie nomade et autres poèmes. Œuvres complètes,* (*1952-2007*). L'Escampette éditions, 2008, p. 167-183.
26. J'emprunte l'expression à Jean-Marie Kerwich.
27. Salah Stétié, *Dans le miroir des arbres*, Fata Morgana, 2011, p. 35.
28. Ce film de Martin Provost sorti en 2008 raconte l'histoire d'un marchand d'art d'avant-garde et d'une femme de ménage, peintre visionnaire, Séraphine de Senlis (Yolande Moreau).
29. Un film sorti en 2010 et projeté, hors compétition, en clôture du Festival de Cannes cette année-là.
30. Pierre-Albert Jourdan, *L'Approche*, *op. cit.*, p. 44.
31. Jean-Pierre Otte, *Blaise Menil mains de menthe*, Robert Laffont, 1979, p. 96.
32. Philippe Mathy a écrit de belles choses sur l'approche jardinière du visage dans *Sous la robe des saisons*, *op. cit.*, p. 119.
33. J'emprunte l'expression à Jacques Henrard.
34. J'ai résumé en quelques lignes les remarquables entretiens que Georges Haldas a accordés à Charly Veuthey et Simon Roth dans un quadruple CD publié

par les éditions Regard-Faim de siècle, coll. « Claire voix », à Genève, en 1999.

35. Jacques Henrard, *Le Marcheur à genoux*, L'Âge d'homme, coll. « La petite Belgique », 2008.

36. *Ibid.*, p. 47.

37. Christine Henrard, *Quarante jours de traversée vers l'autre rive*, inédit.

38. *Ibid.*, p. 22.

39. Agnès Henrard, *Dans la beauté je marcherai*, L'Arbre à paroles, 2001, p. 32, 36, 54.

II. Déchirer la robe

1. Jean Grosjean, *L'Ironie christique. Commentaire de l'Évangile selon Jean*, Gallimard, NRF, 1991, p. 249.

2. Christian de Duve, *De Jésus à Jésus en passant par Darwin*, Odile Jacob, 2011.

3. Christian de Duve, *À l'écoute du vivant*, Odile Jacob, 2002.

4. Gabriel Ringlet, *L'Évangile d'un libre penseur. Dieu serait-il laïque ?*, Albin Michel, 1998, et rééd. coll. « Espaces Libres », 2002.

5. Christian de Duve, *Sept vies en une. Mémoires d'un prix Nobel*, Odile Jacob, 2013.

6. Yves Namur, *Le Livre des apparences*, Lettres vives, coll. « Terre de poésie », 2001, p. 64, repris dans *Ce que j'ai peut-être fait*, Lettres vives, 2013, p. 64.

7. François Cheng, *Le Livre du vide médian*, Albin Michel, 2004, p. 211-212.

8. La réflexion développée ici, je l'ai esquissée dans un texte intitulé « Où je ne voulais pas aller », postface

au livre de Corinne van Oost, *Médecin catholique, pourquoi je pratique l'euthanasie*, avec Joséphine Bataille, Presses de la Renaissance, 2014.

9. J'emprunte l'expression à Francine Carrillo.

10. Communiqué du Conseil permanent de la Conférence des évêques de France, 5 janvier 2014.

11. Bruno Cadoré, « Les dominicains veulent apprendre de ceux qui ne comptent pas », entretien avec Claire Lesegretain, *La Croix*, 20 août 2013.

12. Corinne van Oost développe largement ces questions d'acharnement thérapeutique dans *Médecin catholique, pourquoi je pratique l'euthanasie, op. cit.*, p. 133 et sq.

13. Claire Fourcade, « L'effet papillon et la fin de vie », *La Croix*, 15 juillet 2014.

14. Communiqué, 6 novembre 2013.

15. François Damas, *La Mort choisie*, Éditions Mardaga, 2013, p. 127-128.

16. *Ibid.*, p. 129.

17. Dominique Jacquemin, « Transgression : concept éthique, attitude clinique ? », conférence à la 14e journée nationale d'actualités médicales en soins palliatifs, collège des médecins de la SFAP, septembre 2013 (à paraître dans *Médecine palliative*).

18. François Damas, *La Mort choisie*, *op. cit.*, p. 130.

19. Dominique Jacquemin, *Bioéthique, médecine et souffrance. Jalons pour une théologie de l'échec*, Médiaspaul, coll. « Interpellations », 2002.

20. Dominique Jacquemin, « Transgression : concept éthique, attitude clinique ? », art. cit.

21. André Comte-Sponville, *Dictionnaire philosophique. Perspectives critiques,* PUF, 2001, p. 590.

22. Cornelius Castoriadis, *Les Carrefours du labyrinthe*, t. 4, *La Montée de l'insignifiance*, Seuil, 1996, p. 220, cité par Dominique Jacquemin dans « Transgression : concept éthique, attitude clinique ? », art. cit., p. 7.

23. Note privée du professeur Pierre Scalliet, inédite.

24. Corinne van Oost, *Médecin catholique, pourquoi je pratique l'euthanasie, op. cit.*, p. 81-82.

III. Déposer la bure

1. Pour raconter ce triple dépouillement dans mes mots à moi, je m'appuie essentiellement sur *François d'Assise. Écrits, vies, témoignages. Éditions du VIII*[e] *centenaire*, Cerf, coll. « Sources franciscaines », 2010 (2 vol. de 3 414 pages). Une clarisse, sœur Christine, a bien voulu me guider et m'orienter en me faisant privilégier surtout la *Vita prima de Thomas de Celano* (1228), *La Légende des trois compagnons* (1246), *Vita secunda de Thomas de Celano* (1246-1247), *Légende majeure de saint Bonaventure* (peu après 1260) ainsi que quelques *Fioretti* et autre *Compilation d'Assise.* Comme me l'écrit, avec humour et justesse, sœur Christine, tous ces récits forment un regard sur François « parmi beaucoup d'autres ». Il faut les prendre comme on prend ceux du Nouveau Testament. On ne rejoint pas le fait historique mais on dessine « un mouvement autour d'une personne charismatique ».

2. Julien Green, *Frère François*, Seuil, 1983 et 2005, p. 309-310.

3. Ce texte emprunté aux « Souvenirs de frère Léon » dans la *Compilation d'Assise*, on le trouve aussi chez Julien Green, *Frère François*, *op. cit.*, p. 310.

4. *Ibid.*, p. 312.

5. Notes privées de Marie Friedel, inédit.

6. Milan Kundera, *L'Art du roman*, Gallimard, 1986, p. 158. J'ai développé cette approche dans *Ces chers disparus*, Albin Michel, 1992.

7. Tahar Ben Jelloun, *Poésie complète (1966-1995)*, Seuil, 1995, p. 177.

8. Bruno Stevens, *Bagdad. Au-delà du miroir*, Ludion, 2004, p. 115.

9. Ioanna Andreesco et Mihaela Bacou, *Mourir à l'ombre des Carpates*, Payot, 1986.

10. Gilles Baudry, *Instants de préface*, Rougerie, 2009, p. 65.

11. Saint-Pol Roux, *Pour dire aux funérailles des poètes*, dans *Idéoréalités*, Rougerie, 1987, p. 174.

12. Daniel Bourguet, *La Pudeur de Dieu*, *op. cit.*, p. 64.

13. *Ibid.*, p. 65.

14. Saint-Pol Roux, *Pour dire aux funérailles des poètes*, *op. cit.*, p. 174.

15. Gérard Bessière, « Le feu est-il jeune ? », dans *Dieu est bien jeune*, Cerf, 1976, p. 196.

16. Philippe Jaccottet, *La Semaison*, Gallimard, NRF, 1984, p. 56-57.

17. Corinne Hoex, *Cendres*, poèmes accompagnés des dessins de Bernard Villen, Esperluète éditions, 2002, p. 15, 29, 31, 32.

18. Sylvie Germain, *La Pleurante des rues de Prague*, Gallimard, coll. « L'un et l'autre », 1992, rééd. « Folio », 1996.

19. J'emprunte l'expression à Christian Bobin.

20. Je me suis inspiré d'une phrase de Simone Conduché, que j'ai voulu « retourner » : « Si je viens rarement auprès de ton "ci-gît", c'est que tu n'es pas là où la pierre le dit. »

IV. Révêtir la coule

1. Jean Grosjean, *Le Messie*, Gallimard, NRF, 1974. Au fil du texte, l'auteur écrit le mot « messie » en minuscule. Je veux ici lui rendre hommage en me réappropriant son histoire et en la revisitant librement.

2. *Ibid.*, p. 41-46.

3. *Ibid.*, p. 29.

4. *Ibid.*, p. 42.

5. Arcabas, *Passion Résurrection*, Cerf, 2004, p. 7.

6. *Ibid.*, p. 8. Ce polyptique de trente mètres carrés de surface plane sur une épaisseur de dix centimètres, une longueur totale de dix-huit mètres vingt-deux et une hauteur maximale de deux mètres vingt est installé à Montaigu (Scherpenheuvel), un lieu de pèlerinage célèbre en Belgique, pas très loin de Louvain (Leuven).

7. Daniel Marguerat exprime des choses fort proches, en particulier dans son dialogue avec Marie Balmary, *Nous irons tous au paradis. Le Jugement dernier en question*, Albin Michel, 2012, p. 200.

8. Guillevic, « Élégies », dans *Étier*, Gallimard, NRF, coll. « Poésie », 1991, rééd. 2006, p. 89.

9. Souligné par le philosophe Pierre Masset, cité par Marie-Émile Boismard, *Faut-il encore parler de « résurrection ? »*, Cerf, 1995, p. 160.

10. Daniel Marguerat, *Résurrection. Une histoire de vie*, Éditions du Moulin, 2001, p. 12.
11. Olivier Clément, *L'Œil de feu*, Fata Morgana, 1994, p. 35.
12. Caroline Valentiny, *Voyage au bord du vide*, Desclée de Brouwer, 2015.
13. Jacques Lusseyran, *Le monde commence aujourd'hui*, *op. cit.*, p. 92-93.
14. Notes privées de Marie Friedel, *op. cit.*
15. Jean Grosjean, *Adam et Ève*, Gallimard, NRF, 1997, p. 149.
16. Charles Le Quintrec, *Le Règne et le Royaume.* (*Poésie complète 1970-1982*), Albin Michel, 1983, p. 68.
17. Yves Bonnefoy, *Ce qui fut sans lumière*, Mercure de France, 1987, p. 22.
18. Paul Willems, *L'herbe qui tremble*, Éditions de la Toison d'or, 1942.
19. *Ibid.*, p. 167.

Envoi

1. Philippe Denis, « Orphelins du sida », *La Vie*, 19 novembre 2009.
2. Pierre-Albert Jourdan, *L'Approche*, *op. cit.*, p. 53.
3. Jean Grosjean, *Le Messie*, *op. cit.*, p. 12.

Remerciements

Merci à Jean Bauwin, Bernadette Jenicot et Patrick Tyteca, si fidèles relecteurs de mes manuscrits.

Ma gratitude s'adresse aussi à Caroline Valentiny qui m'a partagé le souffle de sa traversée à l'heure du dévêtement de soi.

Je tiens enfin à dire ma reconnaissance à Corinne van Oost, à Dominique Jacquemin ainsi qu'aux contemplatifs qui m'ont documenté et, en particulier, à Christine Daine et Jean-Yves Quellec pour leurs amicales suggestions.

Table

DU MÊME AUTEUR

Le Mythe au milieu du village. Comprendre et analyser la presse locale, Bruxelles, Vie ouvrière, 1981.

Dieu et les journalistes (sous la direction de), Paris, Desclée de Brouwer, 1982.

La Puce et les Lions. Le journalisme littéraire, avec Lucien Guissard, Paris, Éditions universitaires, et Bruxelles, De Boeck, 1988.

Le Guide des médias (sous la direction de), encyclopédie en 4 volumes, Bruxelles, Kluwer, 1989-1996.

Ces chers disparus. Essai sur les annonces nécrologiques dans la presse francophone, Paris, Albin Michel, 1992 ; nouvelle édition en poche, préface de Jean-Claude Bologne, Bruxelles, Labor (coll. « Espaces Nord »), 2002.

Écrire au quotidien. Pratiques du journalisme, avec F. Antoine, J.-F. Dumont, B. Grevisse et Ph. Marion, Bruxelles, Vie ouvrière, et Lyon, Chronique sociale, 1995.

Dialogue et liberté dans l'Église, avec Jacques Gaillot, Paris, Desclée de Brouwer, et Liège, L'Appel, 1995.

Un peu de mort sur le visage. La traversée d'une femme, Paris, Desclée de Brouwer, coll. « Littérature ouverte », 1997 ; réédition 2015.

La Résistance intérieure, Bruxelles, RTBF Liège et Alice Éditions, coll. « L'intégrale des entretiens de *Noms de dieux* » d'Edmond Blattchen, 1998.

Une aventure universitaire (sous la direction de), Bruxelles, Université catholique de Louvain et Éditions Racine, 2000.

La Presse écrite en Belgique, avec J.-F. Dumont et B. Grevisse, Bruxelles, Kluwer, 1998 ; réédition en 2002.

L'Évangile d'un libre penseur. Dieu serait-il laïque ?, Paris, Albin Michel, 1998 ; réédition coll. « Espaces libres », 2002.

Éloge de la fragilité, Paris, Desclée de Brouwer, et Bruxelles, Éditions Racine, 2000 ; réédition Paris, Albin Michel, coll. « Espaces libres », 2004.

Ma part de gravité. Un itinéraire entre Évangile et actualité, Paris, Albin Michel, 2002.

Chemins de spiritualité. Jeunes en quête de sens, avec L. Albarello, J. Beauduin, G. Haarscher *et al.*, Paris, Desclée de Brouwer, et Bruxelles, Éditions Racine, 2003.

Prières glanées, illustrées par Jacques Aubelle, Bruxelles, Fidélité, 2003.

Et je serai pour vous un enfant laboureur. Retourner l'Évangile, Paris, Albin Michel, 2006.

Ceci est ton corps. Journal d'un dénuement, Paris, Albin Michel, 2008 ; réédition coll. « Espaces libres », 2014.

Entre toutes les femmes, avec Mannick, Paris, Desclée de Brouwer, 2011.

Effacement de Dieu. La voie des moines-poètes, Paris, Albin Michel, 2013.

Discours de réception de Sylvie Germain à l'Académie royale de Belgique, accueillie par Gabriel Ringlet, Paris, Albin Michel, 2015.

Composition Nord Compo
Impression CPI Bussière en août 2015
Éditions Albin Michel
22, rue Huyghens, 75014 Paris
www.albin-michel.fr

ISBN : 978-2-226-31635-6
N° d'édition : 21848/01. N° d'impresssion : 2015897
Dépôt légal : septembre 2015
Imprimé en France